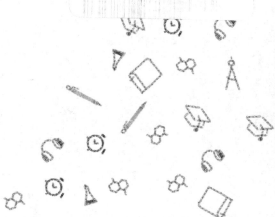

青春期男孩派：爱上高效学习

木 紫 编著

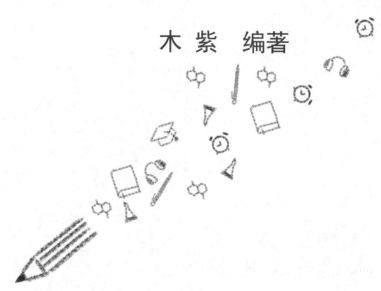

黑龙江科学技术出版社
HEILONGJIANG SCIENCE AND TECHNOLOGY PRESS

青春期男孩派：爱上高效学习
QINGCHUNQI NANHAI PAI：
AI SHANG GAOXIAO XUEXI

木 紫 编著

策划编辑 罗 琳
责任编辑 刘 杨 罗 琳
封面设计 磊源广告
出 版 黑龙江科学技术出版社
地 址 哈尔滨市南岗区公安街 70-2 号
邮 编 150007
电 话 （0451）53642106
传 真 （0451）53642143
网 址 www.lkcbs.cn
发 行 全国新华书店
印 刷 辽宁新华印务有限公司
开 本 710 mm×1000 mm 1/16
印 张 15
字 数 240 千字
版 次 2021 年 3 月第 1 版
印 次 2021 年 3 月第 1 次印刷
书 号 ISBN 978-7-5719-0641-2
定 价 36.00 元

图书在版编目（CIP）数据

青春期男孩派：爱上高效学习 / 木紫编著. ——
哈尔滨：黑龙江科学技术出版社, 2021.3
ISBN 978-7-5719-0641-2

Ⅰ. ①青… Ⅱ. ①木… Ⅲ. ①中学生 – 学习方法
Ⅳ. ①G632.46

中国版本图书馆 CIP 数据核字(2020)第 150472 号

前　言

如何去适应并引领未来世界，这是一个已经摆在青春期男孩面前的现实。男孩该如何面对当下的自己，才不会让未来的人生失望呢？

当电脑棋手"奇努克"一举夺得西洋跳棋世界冠军，当人工智能和人工神经网络成为最热门的研究方向，当数据科学成为一门发展比较迅猛的科学，当华为5G华丽炫耀着国人的自豪，当越来越多的智能产品出现在我们生活中的时候，青春期男孩们在做什么呢？

我猜，你们一定是坐在教室里读书，或者走在去培训班的路上，或者在家里学习，或者和朋友们一起打篮球、踢足球，或者参加其他的校园活动，或者正在期待着和班级里某个优秀的女孩一起学习，再或者想拿出手机玩一玩。再没有比这样的场景更让人感到充满希望的了。

男孩要知道，人工智能再"聪明"也代替不了成长，男孩拿着手机不放会影响学习，进而影响自我认知和自我发展。男孩能否拥有一个令人满意、富有成效的成年期，全在于青春期是否分化得好。

人类的发展史就是一部学习史，从钻木取火到制造工具再到人机对话，起关键作用的就是人类的学习能力。人类的学习能力的确是一项令人自豪的本领，不过，此时，已经走上食物链顶端的人类，如果不学习，在享受着人工智能带来的方便、快捷与舒适的时候，可能被人工智能所打败。所以，好好学习仍然是人类保持优势的不二法宝。

青春期是学习的黄金期，学得怎么样决定着男孩未来的发展。与其他年龄段相比，青春期又是个特殊的转变期，此时，青春期孩子的内心世界充满了挣扎、徘徊、叛逆、自闭，甚至还有点儿迷茫。他们常常会想：

"学习这么辛苦，难道除了学习，就没有别的出路了吗？"

"有几个人感受到了学习的乐趣呢？"

"我也想当优等生，可是，我当不了啊！我没有那样的头脑啊！难道这个世界就不允许有差生存在吗？"

"作业堆积如山，做完了，又能怎么样？"

"上课的时候，我总是不由自主地看一个女孩，我想跟她表白。可是，学校和父母三番五次强调不能早恋，我该怎么办？"

"老师讲课占用的时间太多了，我们自己看也能看明白，为什么不让我们自己看呢？"

"我太想和同学打成一片了，可是大家见了我，就不说话了。我是天生的表情稀缺者吗？"

"想买个新手机，可是，想到父母那么辛苦，就没开口，琢磨着，假期去偷偷打个短工，就怕父母不让去。"

"妈妈老在我面前提成绩好的表哥，我都快受不了了。妈妈怎么就不知道，我怎么可能是表哥？"

"补习班天天上，成绩也没起色，我要是考不上大学怎么办呢？不敢想象父母失望的眼神。"

…… ……

男孩这么想，一点儿问题都没有。由于生理上的发育，引起了许多新的情感体验；因为有了较多的知识和经验的积累，思维活跃，他们更倾向于独立解决问题；既自闭又渴望被理解，使得他们既渴望交往，又不敢轻易吐露心声，有时，内心的苦闷只能憋着；青春期的萌动使得他们青睐异性，但是由于伦理道德的限制，他们又不能谈恋爱；睾丸素达到最高值，他们更加好动、好斗，大脑前额叶发展相对滞后，不能很好地控制自己的情绪和行为，常常做出冲动之举；大脑神经系统的抑制与兴奋功能出现了不同步性，也就是兴奋功能较强，遇到刺激比较容易兴奋。

处于这样的成长阶段，又面对变化如此之大的时代，男孩要好好成长，是真的不容易啊！

但是，不管内心多么波澜起伏，男孩都不可以因此放下学习，还必须把学习放在第一位。很多男孩之所以做到了这一点，使得学习与青春一起飞扬，就在于他们懂得学习的重要意义，不断寻求高效学习的路径。他们热爱学习、自信、要强、主动学习、会听讲、讲究记忆方法、掌握了解题技能、思维活跃、有意识地自我控制，形成了优良品质。

好行为都有好结果。逐渐地，他们听到了内心的诉说："所有的挣扎与苦痛，都是为了明日的甘甜。"就像清晨的阳光拨开云雾破晓而出，走在青春期路上的男孩一路前行，他心里想成为的那个自己、期待的那个世界有了轮廓，并逐渐清晰起来了，他们庆幸，自己做对了：把努力学习当成当下的成长目标，未来才会充满希望！

目　录

第 1 章
青春期男孩听课派
——力争百分百听讲，听得明白学得深刻

不同的学生对待课堂的态度不一样，优等生把课堂当学堂，中等生把课堂当讲堂，差生把课堂当"觉堂"。课堂听讲学问大，不一样的听课态度决定不一样的学习效果。男孩要做优等生，得是听课派。

学习路径有个制高点

一个成绩还不错的"逃课男生"说："我就不明白了，上课所讲的知识，书上写得很明白，看书就能学会，为什么每天要到学校呢？一动不动地坐在课堂上听老师讲真的很累啊！老师那么卖力地讲课，一定很辛苦，可这又何必呢？都是教材上的内容啊！就算看书看不懂，网上还有辅导视频啊，向网友请教，很方便。"

另一个学生说："课堂与教科书相比更活跃，老师讲述的内容环环相扣，激发了我们的好奇心，就像磁铁一样把我们的注意力紧紧地吸住，我们急切地寻找答案，大脑运转得特别快，效率很高啊。"

与教科书相比，课堂听讲优势更强

学习是个过程，按照常规过程来看，从预习、课堂听讲、理解记忆、复习到掌握后的应用等，虽然看似最后才是学习需要的结果，但是，从成长与学习效果的角度来看，每个环节都很重要，课堂听讲也是整个学习过程中的一个制高点。

一些基础不错、自学能力较强的男生，即使不上课，只读教科书，也能理解所讲内容，完成课后作业。于是，有的男生就有些不重视课堂听讲。虽然课堂上老师所讲的内容教科书上都有，但课堂能够给予学生的要远远多于教科书传达的内容。

1. 锻炼孩子的交流能力

在人工智能语言的研究中，有三块重要基石，分别是语音识别、自然语言理解、语音合成，它们分别解决人类语言交流中的三个问题：听清楚别人说什么、理解别人说什么、根据听到和理解的去回答别人。课堂听讲锻炼了孩子的交流能力，这个锻炼过程的认知和体验，让孩子明白真正意义上的语言交流是什么。

2. 课堂授课内容大于教科书所写

课堂授课是一个推动模式，是学习过程的一个环节。某个知识点，男孩要达到能理解、熟练记忆和应用的水平，一般需要预习、学习、做作业、复习等几个环节，课堂授课属于学习环节。这个环节是将已经学会的知识和后面学习的环节联系着进行的，除了要把当堂课的知识传递出来，还要自然而然地嵌入学生已有的知识结构中，读教科书不能很好地实现这一点。

3. 课堂促进学生学习

面对一本教科书，坚持积极、主动地读下去、掌握住，然后通过考试，需要男孩具有相当强的学习主动性和自我约束力，恐怕没有几个学生能做到。

课堂就不一样了。老师讲课模式一开启，学生就自然进入状态了。课堂本身就是一种暗示，一个仪式化场所，让人自觉接受这种"我来这里就是为了学习"的暗示，只要铃声响了，就不会随意走动，更不会想吃就吃、想喝就喝，而是更高效率、更有规律地接受知识。

课堂还有很多促进学生学习的因素，比如学生受到老师鼓励、考试取得好成绩，或者课堂与老师积极互动，都能提升学习动力。同学之间的良性竞争能增强学生的紧迫感，促使他们抓紧时间学习。

4. 课堂使得学习变得容易

教科书上的重点内容老师会重点讲，而且一堂课讲完后，老师会在以后的课堂上相继提起，这个过程既促进了知识点之间的衔接，也巩固了记忆。

课堂上哪怕老师仅仅是重复课本上的话，声音和图像的多重刺激比单纯文字信息输入更容易理解，也更能巩固记忆。

一个有经验、负责任、水平高的老师，在课堂上不仅能把一个知识点讲清楚，还能讲透彻，让学生知其然还知其所以然，达到真正理解。学生在学习知识的过程中就掌握了解决问题的方法。

5. 有些知识点，确实需要老师讲解

知识有两种：陈述性知识和程序性知识。程序性知识靠文字描述理解起来比较难，需要较多的演练和反馈才能掌握，课堂提供了场景和实例，老师的讲解和提示形象生动，这些都可以促进孩子对知识的理解。比如，物理学习、化学学习等。

找到焦点，听好一堂课

课堂听讲是学习过程的一个重要环节，放下听不懂可以自己看书的想法，充分利用课堂时间，上好每一堂课，是获得好成绩的重要方面。

1. 会听：多听少记

既然老师所讲的内容教材上大部分都有，那么，就不要花费大量的精力来记笔记，而是把主要精力放在听课上。不但要听懂老师所讲的内容，还要听出重点，听出这节课的知识和哪些知识联系最紧密，哪些内容是教科书上没有的，是老师引申或者补充的。对于老师强调、补充的内容，要做好笔记。

2. 听全：不漏掉内容

一节课下来，同学们谈论某个内容，有同学会问，老师讲过吗？老师是这样讲的吗？这说明什么？他们漏听了一些内容。如何做到不漏听？很简单，课前预习，课堂集中精力不打盹儿、不走神，遇到听不懂的内容做标注，课下及时问。

特别是老师反复讲、反复问"听懂了吗"的内容一定要认真听，老师讲几遍就听几遍，每一遍都会有更加深入的理解。

不过，如果遇到比较难懂的知识，不要死抠，先放下心中的疑问，接着往下听讲，因为在课堂上，老师不能总是兼顾到每个学生。有时，听着后面的，前面的内容就豁然开朗了。这样，既解决了疑惑又没耽误学习后面的知识，比较高效。

3. 听懂：不模棱两可

所谓的听懂，不是跟着老师的思路听明白"是怎么回事"就可以了，而是当老师问"为什么是这样"的时候，能够讲出来。课堂上达到这一点学习效率最高，达不到也没关系，课后及时复习，加深理解和记忆。

不能偷懒：每一次新课前都要预习

下课的时候，有的老师会说："明天要讲新课，请大家好好预习。"对海波来讲，这话就是"耳旁风"，从没引起过他的重视。

成绩不错，就是很好的证明啊！中学生活这么紧张，还要预习，打篮球的时间就没有了。

期中考试后，海波的物理亮起了红灯，只考了90分，这个分数大大刺激了他这个学霸。男孩哪能学不好物理呢？海波没有预习的习惯，只是在课前扫几眼要讲的内容，知道了这堂课要讲什么而已。他决定以后给物理一个特别的待遇——课前认真预习。

每次新课前，海波都把预习物理作为第一重要的事情来做，先通读课本，找出重点难点，然后再做课后习题。整个过程他会写成预习日记。这样下来，仅仅半个学期，物理成绩就提升上去了。到了初三，时间紧张，海波就不预习了，成绩也没下降。

预习的必要性因人而异

作为有几年学龄的学生，不知道预习是怎么一回事是不可能的，因为预习是一件被老师、家长反复强调的事情。即使这样，不预习、不知道预习究竟有什么好处的学生还是大有人在。

所谓预习，就是提前熟悉新课内容，熟悉的界定可以仅仅停留在对新知识了解的层面，也可以达到理解或者掌握的程度。

那么，为什么要预习呢？预习的目的就是提高听讲效率，避免上课老师讲的时候听不懂，课后作业不会做。如果男孩上课听不懂，就很容易思想开小差，错过了老师所讲内容，从而影响后面知识的学习。恶性循环的结果就是成绩大幅滑坡，导致厌学、逃学。

诺贝尔生理学或医学奖获得者巴甫洛夫通过研究狗的消化腺分泌实验，得到了一个意外的收获，发现了条件反射。对于学生来讲，预习会让他们在课堂听讲的时候更有自信，久而久之，就建立了一种听讲时候的自信状态。很显然，自信使得孩子能够更积极地去应对课堂上可能出现的挑战，提高了听讲的质量。

既然预习这么有必要，为什么因人而异呢？

中学生功课多、时间紧，对一些成绩好，不需要预习就能听懂老师所讲知识的学生来讲，为了把时间花在更紧迫的学习任务上，预习可以不做。

但是，对于那些成绩差，特别是单科成绩差的学生来讲，预习是改善弱科的有效方法。预习的过程不但了解了新知识，还找到了旧知识没有学会的部分，借着这个机会补习好，疏通了知识之间的阻碍，才不会在学习新课的时候听不懂。

如何个性化预习

预习最怕一看而过，不理解、不思考，这样的"放羊式"预习毫无效果。而"扫地雷式"地细看，也不适合学习紧张的中学生。所以，男孩要了解预习的一般过程，以及自己的学习情况，在此基础上根据自己的实际情况来预习。

1. 了解预习的一般过程

预习是为了提前感知教材、了解老师将要讲述的内容，产生一个初步的认识，为学习新知识扫清障碍。

在过去，预习的一般过程就是阅读课本，包括文字部分、插图部分、课后问题或者习题，找到重点和关键点。在预习的过程中，如果对新知识产生疑问或者有看不懂的地方，做一下笔记，预备上课听讲的时候搞明白。

当下，慕课飞速发展，只要课本上有的，就能在网络上找到相关的慕课。预习的时候，找到相关的内容，结合课本看一看、听一听，可以促进理解，避免枯燥。如果时间充裕，可以利用零散时间，多看、多听与课本有关的课程，以巩固学习效果。

2. 强科，提升预习高度

如果某一科或者几科是强项，学习不费劲，成绩也很好，说明男孩已经对该科目有了很深厚的兴趣和感情，他喜欢学习这一科，而且学习积极性很高，在时间紧的时候，只要上课能紧跟老师的思路，学会老师所讲内容，课后能顺利完成作业，就可以不预习。

但是，如果有时间了，就要关注相关的内容。因为强科往往就是孩子的兴趣点，是优势所在，可能就是将来孩子要从事的职业领域所在，是需要重点发展的。所以，为了学得更精尖，可以通过阅读相关书籍、在线学习，参加课外学习班、夏令营、科目竞赛等扩展知识面，提升自己的知识资本。

3. 特别关注弱科，预习时"记一记""做一做"

如果某一科成绩差，就说明对知识掌握得不够牢固，要给予特别的关注。否则，越是学得差越看不懂，越学不进去。预习，就是一个提升弱科的不错的方法。为了不使预习流于形式，可以写预习笔记。记录新课预习中已懂、不懂的内容，标注好有疑问的内容和没有搞懂的旧知识。

在预习新课的时候，把学过的知识和新知识联系起来，有助于增强理解。预习完，尝试着做一做课后习题，能提升学习的主动性。

高效听课法：课堂上会调节注意力

世华是一名初中一年级的学生，上课注意力总是无法集中。下课时精神百倍，一上课就不在状态，常常犯困、走神、思想开小差，老师讲的什么根本就听不进去。

每次被老师叫起来回答问题，都答非所问。课后作业，要看很长时间的课本才能完成。每次上课前，他都暗自叮嘱自己一定要好好听讲，可到了课堂上就管不住自己了。看着别的同学聚精会神地听讲，他真是羡慕死了。

把注意力集中在课堂焦点上

注意力水平决定听讲效率。注意是心理活动对一定对象的指向和集中。指向性表现在人的心理活动总是有选择地指向一定的事物，而离开其余的事物。集中性是指心理活动聚集在所选择的对象上，并且维持这种指向，使心理活动深入进行。

学习知识需要高度集中注意力才能记住。因为注意资源具有有限性，哪里分配的注意资源多，哪里就具有认真优势。

20 世纪中叶，原联邦德国的哥廷根心理学家们做过一个实验：主持人在一个大厅里向听众发表演说，演说进行了 20 分钟左右，突然一个"蒙面强盗"闯进来，在听众面前开了三枪，高声叫嚣了几句，然后夺门而出。这时实验主持者发下调查问卷，要求听众立即对这个"蒙面强盗"的身高、衣着、开了几枪、说些什么话、停留的时间等做出回答。实验的结果表明，大多数人的注意力还在演说内容上，因为大多数人都没有高度集中注意力去认真观察那个"蒙面强盗"的有关情况，所以，大家给出的答案都是不可靠的。

人的注意力集中在哪里，就会从哪里获取认知。在课堂上，注意的指向性和集中性水平越高，越能充分领悟老师所讲的知识。

在相同条件、相同时间下，注意力是否高度集中决定着男孩的记忆效果。因为只有当男孩把注意力集中在某个知识点上，他才能够努力记忆并加工这个知识点。不过课堂走神也是常见现象，学会很好地调节和集中注意力才不会荒废大好时光。

老师在课堂上所讲内容来自课本，是对课本知识的详细讲解，老师备课的时候会考虑学生的知识水平和接受能力，使得知识变得更形象、更生动，有助于学生理解，提高了学生注意力的集中性。几年后，每个学生都要参加升学考试。老师熟悉考试大纲，他们知道哪部分知识跟考试相关，在课堂上会重点讲解。此时，认真听讲，可以避免脱离大纲，浪费时间。但是，注意听讲也是一种能力，这种能力是从平时的听讲习惯培养起来的。

提升注意力品质，以最佳状态听讲

要想在课堂上充分领悟老师所讲内容，需要提升注意力品质，把注意力集中指向在老师所讲内容上。

1. 不给注意力懈怠的机会

以最佳状态听讲，排除干扰。即使很累，也不要贪图享受。斜靠着墙或者仰卧在椅子上虽然舒服，却容易麻痹神经，无法集中注意力。

身体坐端正，不倚靠不歪斜，目视前方，身体放松，面部表情放松，既有助于提升注意力，也不会让自己焦虑、紧张。

听讲的时候，在脑海中多问几个为什么，问自己："老师为什么这么讲？老师讲得对吗？"同学回答问题时，不仅关注答案，而且要溯本求源，想一想同学是什么思路。这样问问题，不但有利于理解知识，还能防止因思维懈怠而走神。

2. 调换注意力

一个人注意力的最佳状态基本上可维持20分钟左右。为了保持较高的注意力水平，老师讲一会儿后，常常会根据知识内容安排一个小小的缓冲，让大家放松一下，以便于在后面的授课中保持注意力。

在一堂数学课上，老师发现学生们有些困，三伏天，老师能理解。于是，他突然说："我问大家一个问题，看谁能回答出来！"有的同学一激灵就醒了，有的同学还在打蔫。老师说："注意了！注意了！我开始喊人了！"这下，几乎所有的同学都提起精神了。我的问题是："中国人吃到的第一根冰棍是在哪个朝代？你记忆中最好吃的冰棍是哪一根？"同学们七嘴八舌地议论开了。"当当当"，老师敲了几下讲桌："这个问题留到课后讨论，放松了一下，继续上课!"

老师缓解学生疲劳的方法，除了幽默地抛出一个问题外，还有很多。比如，问题提醒法：根据当堂课所讲内容，提出跟这个内容有关系的以前所学知识的问题；语言提醒法："请大家回忆一下，关于这部分内容，我们以前讲了什么?""注意想一下，这块容易跟哪部分知识混淆?"空白法：老师会说，大家先看看这部分内容，回头我们继续讲。

在课堂上用心捕捉一下老师的缓解方式，主动跟上老师调节的注意力节奏，就能战胜疲劳，维持注意力的稳定。

3. 做一些注意力广度的训练

伴随着大脑额叶皮质的发育，中学生的自我控制水平有了很大的提升。此时，可以尝试增加一些注意力广度的训练，同时进行多项互不冲突的活动，如刷牙的时候回忆英语单词、扫地的时候想着自己没有做出来的难题、散步的时候背诵古诗等。

男孩的心事也不少

有个男孩喜欢上了班里的某个女生，一上课就偷偷地看她，想着她的日常，放学去做什么，她自己骑车安全吗？班里还有哪个男生喜欢她？虽然耳朵在听老师讲，但是眼睛没看黑板，思路也没跟着老师走。虽然做了多次努力不让自己心猿意马，可是，一节课下来，真的什么都没听懂。

青春期闹心事会影响课堂听讲

听讲是一种心智活动，男孩进入青春期后，虽然知道上课听讲的重要性，但受身心发育的影响，有了烦心事儿，会不知不觉地走神。

男孩进入青春期后，体内性激素的分泌明显增加，为此，男孩好斗、容易冲动。男孩大脑神经系统的抑制与兴奋功能出现了不同步性，也就是兴奋功能较强，遇到刺激比较容易兴奋。同时，大脑前额叶发展相对滞后，不能很好地控制自己的情绪和行为，难免会冲动，自我反省后，情绪低落。

情绪能指引注意力集中到问题的某一个方面。对于男孩来讲，他们更容易注意、学会并记住那些引起他们情绪反应的事件、图像和文字。而有关青春期的身体发育、性状态、异性活动等现实相关事件或者网络虚拟情景，都可能令他们心情难以平静，从而影响学习。

有个男生每次看到前面座位上女生的内衣痕迹就会浮想联翩，女孩为什么穿这东西呢？这内衣是怎么穿的呢？想来想去也没找到答案，等回过神来，就不知老师所云了。

不管心中有什么困惑或者烦恼，只要影响了听讲，就需要在课下想办法解决，以便于心情平静地去学习。

解决掉闹心事，放下小困惑

青春期的孩子都会"闹心"，要想不被闹心事影响，需要把功夫下在平时，这样，才能整理心情安心学习。

1. 弄明白青春期现象

中学生进入了青春期，生理和心理上的变化给他们带来了很多困扰。男生第二性征开始发育，比如，长胡须了、嗓音粗了、身上有体毛了、出现了青春痘等等。男孩会因为不习惯、不适应而苦恼、焦虑。遗精、流白等生理现象也会让男孩很苦恼，当出现这些情况后，男孩会疑惑、害怕。男孩进入青春萌动期后，就有了性意识，会不自觉地关注女孩。当他们关注性、讨论性的时候，会感到害羞、不自在。但是，他们又控制不住自己，总是去想这些事情。

以上是常见的青春期现象。回避或者自我谴责都可能导致自卑，不是正确的做法。男孩可以通过读书、向家长提问、跟同学交流等方式搞清楚青春期是怎么回事，越是对青春期有科学的认识，越能保持内心平静。

2. 克制一下自己的行为

有的男孩到了青春期会表现得很爱美，频繁照镜子，这是自我意识发展的需要。青春期是自我意识发展的第二个高峰期，自我的兴趣首先表现在关注自身形象方面。进入青春期后，男孩更加关注自己的长相、衣着、服饰，即使在课堂上，当他们想到自己脸上的痘痘、新剪的发型、新穿的上衣，会想拿出小镜子看一看。

这个时候，男孩要想到，这么做就影响课堂听讲了，应该克制一下，课后再自我欣赏。男孩不要因此厌恶自己，每个男孩都要通过在镜子前的对衣着打扮的调整，来实现主观我和客观我在外形上的统一。

3. 上课前，手机关机

男孩一定不要觉得，开着手机有利于自己查阅相关资料。在课堂上，即使遇到难题，也会有老师给解决，向老师求助比向手机求助更方便快捷，还能避免因为被手机上的内容吸引而注意力开小差。所以，上课前就把手机关掉，养成习惯，可以避免因此而走神。

4. 暗自树立一个"听讲榜样"

榜样的存在意义在于他们为相关群体提供了正面的范式，并对其产生激励作用。男孩可以为自己树立一个注意听讲的榜样，这么做，相当于在头上放了一根"警棍"，走神了，看几眼就相当于自我惩罚了几下，很有震慑作用。这个榜样最好离自己的座位比较近，一抬眼就能看到。当然了，自己树立了榜样，不一定要说出来，只要对自己的行为有约束作用就好。

要知道：自我调节学习者都善于提问题

张威东学习成绩不错，但不拔尖。一次偶然事件后，他在班级里的名次大大提升。那天语文课，老师讲《凡尔赛宫》的时候，几次把凡尔赛宫说成了罗浮宫。课后，很多同学都在议论老师讲错了。张威东纳闷，自己怎么就没有听出错误来呢？看来自己听讲还是不够用心。

从那以后，张威东听讲时不断地在脑海里提问题。"老师为什么这么讲？""这位同学的回答为什么不正确？他是怎么想的？""老师为什么说这节课是这一章的中心内容？""同学怎么会得出这个答案呢？"大脑如此快速运转，彻底颠覆了以往那种等待老师"填鸭"的被动状态。在这个过程中，张威东既检验了自己的想法，也明白了他人对在哪里错在哪里，学习效率大大提高，学习成绩上升到班级前五名。

提问题促进学习

当下，一些老师为了促进学生学习的自主性、能动性和创造性，在每堂课结束后或者复习课上，把提问的权利交给学生，学生问问题，学生来回答。这么做能活跃课堂氛围，大大提高学习效率。

美国著名心理学家布鲁纳提出一种学习方法称为"发现法"，就是让学生自己发现问题。在学习中，要想发现问题，需要深入理解所学知识，不断进行思考。学习的过程除了掌握知识，还能够促进理性思维的发展。而男孩越是深入探究原因，理性思维越强，越有清楚的判断力，越善于思考。

在课堂上听讲，如果男孩仅停留在听懂的水平上，不讲究知识的吸收率、理解率，课堂利用率是很低的，而且容易走神，容易稀里糊涂。男孩要努力成为自我调节学习者。比如，在课堂上，大脑高速运转，努力记住本节课所讲内容的关键是什么、重点是什么、难点是什么、老师为什么这么问、老师联系了哪些已经学过的知识。

一堂课45分钟，谁利用得好谁的学习效率就高，学习能力就提高得快，自我调节学习的能力就越强。一个在课堂上能提出大部分同学共性疑惑的问题的孩子，一定不简单！为什么呢？代表他学进去了，掌握了一部分知识，还善于思考。

有个学生，被称为班级里最能"抬杠"的人。老师讲评试卷，他总能就试卷答案的问题与老师展开辩论；和同学对答案，别人的正确了，他能够说服别人按照他错误的改正过来。现在这个学生成了一名科学家。回忆当年的质疑能力，他虽然觉得有的时候有点儿过，但是着实促进了他的创新思维的发展。

问题从肚子里的"料"中来

爱因斯坦说："提出问题往往比解决问题更重要。它意味着真正的进步。"法国著名文学家巴尔扎克认为："打开一切科学的钥匙毫无疑问的是问号。"我们如何引导孩子，才能使孩子在课堂上能够多问几个问题呢？

1. 课堂上多动脑

学习其实是一个学会学习的过程，学会了学习，孩子才有了实现目标的保证。在课堂上，会学习的孩子与老师同步甚至先于老师思考，使得自己掌握的知识和要学习的知识高效碰撞。

男孩要提前搞懂课堂上学什么，这样，上课的时候会用心去理解，理解不了或者心中有疑问时，就会寻求解答。

课堂上学什么呢？老师讲到一个新概念，就要搞懂为什么建立这个概念，这个概念能够解决什么实际问题，哪些知识属于这个概念的范畴。

老师讲到定理，就要知道这个定理表达了什么，涉及哪些概念之间的联系，这个定理会在哪些题目里出现。当老师推导定理或者公式的时候，学生要找到已知条件是什么，未知条件是什么，证明的主要思路是什么。

老师讲到应用题的时候，就要领悟这道题考查的是哪部分知识，会用到哪些概念、定理；如果变换一下条件，怎么解；这道题里隐藏着多少个已知条件。

2. 多阅读课外书籍

要想知识丰富、思维活跃、视野开阔，就要多读书。多读书，能够激活孩子掌握的知识。孩子涉猎的知识越广博、掌握的知识越丰富，越能发现问题、提出问题。男孩除了要学会课本知识外，平时还要广泛涉猎，多阅读古今中外的经典著作，历史、地理书籍，科普作品，名人传记等。在阅读相关的书籍和资料的过程中，会发现疑惑了很久的问题被解答了，新的问题又发芽了，这时，自己解答不了，就可以向高手求教。

必须突破听不懂的困境

浩杰是一名初一的学生，最近他很苦恼，为什么呢？每次考试成绩都很差，一直以学霸自居的浩杰受不了了！小学阶段，他是玩着过来的，作业在学校就完成了，回到家玩游戏、打球、听歌，成绩很好。现在成绩突然下降，让他情何以堪。课堂上，浩杰认真听讲，有时还会出现听不懂的情况，怎么会这样呢？以前，他上课走神后，转过神都能跟上老师讲课的进度。可是现在，脑子卡壳，思维断档。总之，他睁大眼睛盯着黑板，不敢漏掉从老师嘴里蹦出来的每一个字，可就是听不懂老师所讲的内容。这是怎么了？

学会把知识系统化

每个知识点都是散落在知识领域里的一颗颗彼此有联系的小沙粒，学生在解决问题或者学习新知识的时候需要用到多个知识点来解释与理解，知识点太散就难以集中。所以，男孩要学会把知识系统化，把这些知识井然有序地联系在一起。这样，用的时候，提取起来更容易。

知识是一个大网络，盘根错节，反映在各个学科上也是各个不同的小网络，每个小网络都是一个系统，是由一个个知识点构成的。人们的学习方式包括同化和顺应，当遇到的知识不能同化的时候，就会扩大自身的知识结构，顺应就产生了。系统化存在于大脑里的知识，同化或者顺应速度更快，学习效率更高。

系统化后的知识，用什么形式表现最清晰呢？复习纲要、系统表、示意图、比较表等，能够集中反映各种概念、原理之间的相互关系，构成知识的骨架。孤立的知识点容易忘记，而联系着的知识点就不容易忘记。新的概念、新的原理纳入已有的知识系统后，成为其中的一部分，就和旧知识建立了必然的联系，这种联系一旦建立，记忆起来就容易了。

课堂所讲的内容，一般就是当时听懂了、理解了，还没有内化到自己的知识系统里面，如果不复习，不进行系统化，后面再用到的时候，就可能想不起来。

养成把知识系统化的习惯

知识的系统化就是把一个个知识点放到知识系统里应有的位置上，把多而杂的知识变得少而精，从而完成书本知识由厚到薄的转化过程，有利于理解、记忆和解题。当所学知识井然有序地存储在脑海里的时候，新知识来了，很容易被吸收进来的。

1. 在复习的过程中系统化

德国心理学家艾宾浩斯通过实验得出，遗忘在学习之后立即开始，遗忘的过程最初进展得很快，以后逐渐缓慢。学习其实是个对抗遗忘的过程。

当天所学内容，一定要复习，复习的方法可以是一边读课本一边整理笔记，一边背诵记忆。遵循当天、三天、一周、一个月、三个月这样的复习过程，知识会很牢固地被系统化。

知识点系统化后，把每个点连接起来，结成网，就是一个单元的系统化。把每个单元的知识连接起来，就是一本书的系统化。这个是纵向系统化。

为了巩固记忆，当对知识的掌握达到一定程度后，男孩可以进行横向的知识连接，在复习阶段进行专题知识系统化。打破课本的章节体系，把同一性质、同一类别的知识归纳在一起，使之成为一个系统。比如，高中历史里各个变法，可以用列表方式放在一起；平面几何和立体几何中的公式可以放在一起对比着记忆。

2. 在做题的过程中系统化

解题的时候，我们一般都要从题目的关键字出发，逐步展开联想，最后建立题目当中的知识点和答案之间的联系。所以，解题时理清思路、把题目做出来的过程，本身就是一种系统化。男孩懂得不断对学过的知识系统化，这个过程加深了对知识的熟悉程度，掌握了知识之间的联系，在做题的时候就能做到快速理清思路、高效解题。

当然了，如果男孩善于把某个知识点相关的题目总结归纳一下，把不同知识点出现在题目中的方式归纳一下，把容易出现在一道题目里的知识点归纳一下，知识系统化的水平就更高了。

3. 按照一定的方法系统化

系统化的方法很多，常见的有以下几种。

纲目法，就是列出学科知识的纲目，可以画知识树，可以列纲目表，理清该科的大纲细目，表现出知识间的内在联系。知识纲目化之后，就序列井然，关系昭然，重点豁然，哪里有缺漏就一目了然了。

归类法，就是把庞杂的知识、习题分类整理。比如，数理化可按题型归类。

标签法，包括口诀法和代表字法。有些知识比较复杂，记忆较难，可以归纳成几个字或者用几句话来概括，记忆起来就容易了。

网状结构图法，网状结构图前后贯通，有系统、有条理，一目了然，可以有重点、有目的地掌握关键内容。这个结构图怎么画？根据所学知识，先设定一个主干，然后从主干上分出枝干。刚开始画的时候摸不着规律，知识掌握不全面理解不深入也画不好，但这不影响画图，一边画一边找规律，就能画出好的知识网状结构图。

走进网络课堂

平平在做数学作业，遇到了一道难题，思考了很久，还是不明白。他利用微信发语音给同学："兄弟，我今天没去上课，感冒了，给我讲讲第三道大题呗。"同学正在外面遛弯，没法在微信里给他讲，就搜了一段相关的视频，发给平平了。"我在外边，你先看看这个，如果还是不懂，我回去给你视频啊。"

10分钟后，平平跟同学语音："我看懂了，会做了，谢谢兄弟。"

"互联网+教育"下，每个孩子都需要慕课

听课，是一种老师讲学生听的学习模式，中学生听课，主要是在课堂上，任课老师比较固定，大多没有可选择性。这是传统的听课模式。当下，另一种规模较大、形式更加开放的听课模式产生了，那就是慕课。慕课又称MOOC——massive open online course 的缩写形式，翻译成中文，是"大规模开放的在线课程"的意思。

慕课发展到今天，已经非常成熟了，很多学校出现了微课、翻转课堂式教学模式，弥补了传统模式教育在时间上、灵活性上的不足；很多家庭都给孩子报了在线课程，包括数学、语文、英语等，免去了上培训班带来的体力的透支、丰富了学习资源、提升了孩子学习的自主性。当前，慕课已经呈现出了传统教育资源没有的优势，比如，设计更加精细化，集教学内容、章节练习、教学反馈、课堂讨论、教学评估于一体，练习量大、针对性强，更能提高学习者的自主性和学习效率。

关于慕课的出现，没有什么可稀奇的，伴随着大数据、语音识别、教育专家系统、人机交互等多种人工智能手段的发展，教育必然有新的呈现，于是，慕课就自然而然地产生了。

慕课的出现，始于斯坦福大学免费开放了三门计算机课程。那是2011年的秋天，授课教师怎么都没有想到，这么一次牛刀小试，竟然掀起了很大的波澜，

当时，有超过 10 万人注册学习，其中有一门课程——"人工智能导论"的注册人数超过了 16 万。相对于大学校园里的几百个人的大课，这次慕课被大量的在线志愿翻译者翻译成了 44 种语言，而且，那时这门课程并没有根据慕课的特点进行特别的制作，只是把传统的课堂课程开放了而已。

面对如此狂热的在线学习者，特隆教授重新规划了课程内容，以学生为中心，还放入了一系列问题，让学生通过解决问题来学习。课程完善后，特隆教授告诉斯坦福大学的同学们，如果不想听课可以在网上学习，结果有超过四分之三的学生选择了后者，而且这些学生的平均成绩比历届整整高出了一个等级。更加出人意料的是，表现最好的不是斯坦福大学的学生，248 名满分者中没有斯坦福大学的学生。

这意味着什么呢？每一个人，只要想学习就有机会，无论生活在哪里，只要能上网，就拥有同等的网络教育资源。

如何选择并上好慕课

当下，大部分男孩接受的都是课堂教学，但是，也没有谁没看过网络学习视频、没看过网络课程，可以说，大部分孩子都在以传统课堂为主辅以一定的线上教育的形式来学习。

那么，在课堂好好听讲的基础上，如何选择并上好慕课呢？

1. 考虑到自己的需要

大数据为各科学习者提供了海量的学习资源，面对各种各样的课程，孩子要学会根据自己的接受能力、学习需求等选择不同内容和方向的慕课，让老师期待的"因材施教"落到实处。一定要记得，不是所有的课都能达到相同的效果，最好的效果源于选择最适合自己的课程。

2. 一边上课一边讨论

现在的老师，恨不得学生都考 100 分，所以，他们是不会放弃那些好的慕课的，他们可能会自己制作一些慕课或者搜集一些名师的课程提供给孩子们。这个时候，学生可根据老师的内容规划主动学习或者提前学习，如果一边学一边针对所学知识点通过网络平台进行讨论、交流，特别能够促进对知识的理解、记忆和掌握。

第 2 章
青春期男孩记忆派

——飞速精进：增强记忆效率

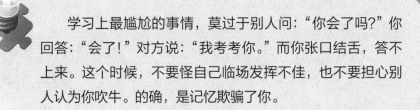

学习上最尴尬的事情，莫过于别人问："你会了吗？"你回答："会了！"对方说："我考考你。"而你张口结舌，答不上来。这个时候，不要怪自己临场发挥不佳，也不要担心别人认为你吹牛。的确，是记忆欺骗了你。

你经常被记忆欺骗吗

考场上，梁浩急得直拍脑袋，补集、交集这部分知识自己复习过了啊！当时记得很清楚啊！现在怎么就想不起来了呢？补集，补集是怎么个情况来着？对着数学题，梁浩把交集、并集都想了一遍，就是想不起来什么是补集。上课明明是理解了，也会做题了，怎么这个时候就想不明白了呢？

揭开真相：短时记忆并不能储存记忆

有的时候，人们理解并记住的内容，回忆的时候却提取不出来，这是为什么呢？因为已经忘记了。当人们觉得记住了的时候，信息可能储存在了短时记忆里。

记忆包括两种形式：一种是短时记忆，另一种是长时记忆。

外部信息经过感觉通道先进入短时记忆。短时记忆是信息进入长时记忆的一个容量有限的缓冲器和加工器。容量以内的信息在短时记忆中可短暂地保持，短时记忆对新信息的记忆和保持在 15~20 秒。

连接短时记忆和长时记忆的是工作记忆，工作记忆是记忆系统的"工作台"，是新信息暂时储存以及将新信息与长时记忆中的知识进行整合的界面。

长时记忆是个真正的信息库，它有巨大的容量，可长期保持信息。长时记忆存储着我们关于世界的一切知识，为人们的一切活动提供必要的知识基础，使人们能够识别各种模式，进行学习、推理和解决问题。

人们之所以能够将现在的信息保存下来供将来使用，或将过去储存的信息用于现在，就是因为有长时记忆这个信息库。

当男孩觉得自己已经记住了某部分知识的时候，可能是在短时记忆中短暂保存或者已经进入长时记忆但需要时却无法提取，这种情况下，需要及时复述，才能进入长时记忆，被永久记住，否则就可能忘记了。

牢固掌握所学知识：精细复述

什么是牢固掌握？最基本的，就是储存在长时记忆里，应用的时候能够提取出来。不管是写作业还是考试，不管题目的类型是什么样的，用到相关知识的时候能够随时提取。

复述是短时记忆信息储存的有效方法，可以防止短时记忆中的信息受到无关刺激的干扰而遗忘。复述又分为两种：一种是机械复述或者保持性复述，一种是精细复述。

机械复述是将短时记忆中的信息不断地简单重复。精细复述是对短时记忆中的信息进行分析，使之与已有的经验建立起联系。心理学家通过实验得出结论，简单的机械复述并不能导致较好的记忆效果，精细复述是短时记忆存储的重要条件。在精细复述的过程中，把要记忆内容与以往的知识体系相联系，形成有意义的、便于记忆的组块，达到理解的程度，就能很快记住。

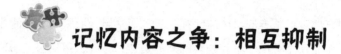

记忆内容之争：相互抑制

高兵简直要气疯了！两段文字，背了快半个小时，还没记住。记住前面的，忘了后面的；记住后面的，忘了前面的。总之，没有一遍背全过，是自己太笨吗？

记忆时会有"系列位置效应"

在记忆的时候，对于一系列处于不同位置的记忆材料，记忆效果不同，接近开头和末尾的材料的记忆效果好于中间部分的记忆效果，心理学界把这种现象叫作系列位置效应。

在学习的过程中，新进入记忆系统的信息和已经进入记忆系统的信息相互干扰，使其强度减弱，从而导致遗忘。干扰又分为前摄抑制和倒摄抑制两种。前摄抑制是指先前学习的材料对识记和回忆后学习的材料的干扰作用，后摄抑制是指后学习的材料对识记和回忆先前学习的材料的干扰作用。

在记忆时，材料的中间部分受到了前面内容和后面内容的干扰，即同时受到了前摄抑制和倒摄抑制。材料的开头部分只受到倒摄抑制，结尾部分只受到前摄抑制。因此，系列位置中处于中间部位的材料记忆效果最差，两头相对来讲就要好许多。

记忆可以有理想状态：无干扰

既然知识之间会有干扰，那么，记忆的时候就要避开干扰，才能避免遗忘，提高记忆效率。

1. 利用好记忆的黄金时间

一般说来，清晨的记忆效果较好。因为在清晨，大脑已经休息了一晚上，人的精神此时处于最佳状态，大脑既清醒又轻松，没有当日记忆中的前摄抑制和后摄抑制，能记住较多的信息，效率较高。

如果是在中午或下午第三、四节课的时间进行记忆，效果自然不好，因为这时的大脑已经有了负荷，有了当日记忆中的前摄抑制。"一年之计在于春，一日之计在于晨"，用这句话的后面一句来类比记忆的最佳时间，也是恰当的。

在一定条件下，晚上正常睡觉之前一两小时内，记忆效果也是较好的。这"一定条件"就是指中午必须睡午觉，并且下午课外活动应该有 30 分钟左右的体育锻炼。中午没能睡午觉，晚饭前后也应争取睡上 40 分钟左右的下午觉。缺乏"一定条件"这个前提，晚上睡觉之前的一两小时内就不可能有较好的记忆效果。

2. 在记忆内容上做文章

如果记忆内容比较多，知识之间就会发生抑制，不容易记住，也很容易遗忘。缩减记忆内容，是减少抑制的重要方法。如何缩减记忆内容呢？

男孩可以把单词、概念、名词解释、公式等文字少的内容写在小纸条上，利用零碎时间来记忆，每次记忆的时候只有一小部分内容，这样就可以避免抑制。

中学阶段所学科目较多，单科内容也较复杂，要记忆的内容也多。在记忆的时候，男孩可以按照科目交叉来做。这样，由于所记忆的知识没有相似性，就不容易遗忘了。

背诵记忆法很"高大上"

萧云在学习上是个勤奋的孩子，从来不会因为学习任务重而皱眉。很多学生最犯憷背诵课文、政治题目、历史事件什么的。有了背诵任务，他们会牢骚满腹，觉得这些让记忆大伤脑筋的东西没什么意义。既然没放在心上，背诵起来效果也不好。

萧云觉得这些知识对自己很有益，既丰富了大脑，也促进了思维。他喜欢背诵，即使遇到很难背诵的知识，也会尽全力搞定。

背诵前，萧云总是饶有兴味地先读一遍，熟读精思后再开始记忆。如果文字较多，就分成几部分分别背诵。如果是古文或者诗句，就要先把译文背熟再背原文。他觉得，理解是记忆的基础，光理解不记忆也不行。

男孩不要忽视背诵

学习知识离不开背诵，背诵是一项基本功，可是一些男孩并不喜欢背诵，觉得那样很低端。其实，在学习上，背诵很"高大上"。

1. 背诵可以丰富大脑储备

著名教育家朱光潜先生在《从我怎样学国文说起》中说："私塾的读书程序是先背诵后理解。在'开讲'时，我能了解的很少，可是熟读成诵，一句一句地在舌头上滚将下去，还拉一点儿腔调，在儿童时却是一件乐事。我现在所记得的书，大半还是儿时背诵过的，当时虽不甚了了，现在回忆起来，不断地有新领悟，其中意味，确是深长。"

2. 背诵可以提升记忆力

美国著名大众演说家卡耐基先生说："好好发展我们的记忆力吧。一般人只用了百分之几。背诵好文章越多，你的记性越好。"背诵是增强记忆力的好方法。马克思青年时就是通过用不熟练的外文背诵诗歌来锻炼自己的记忆力的。男孩把该背诵的内容背诵下来，每天复习10到20分钟，不但掌握了要记忆的知识，也增强了记忆力。

大量的背诵是有机的、整体性的记忆，能够使得知识在大脑里面形成有机的记忆结构。经常背诵、已经背诵了很多知识的人更善于背诵。男孩不妨多背诵，扩大大脑的容量，增强记忆力。

3. 背诵可以获得、提升语感

按照内隐学习的理论，对一些符合文字规则的精品进行过度记忆会使个体能够随心所欲地驾驭文字及其组句规则，持之以恒的背诵带来了某种惊人的能力——语感。即使不是背诵课本，多背诵也有助于认识语法规律，掌握遣词造句的诀窍，使语言文字通顺畅达、灵巧铿锵。

"熟读唐诗三百首，不会作诗也会吟。"背诵是培养语言感知能力、提高语言水平行之有效的方法。语感是对语言从形式到内容，包括语音、语义、语法、语用在内的综合的感知、领悟和把握的能力。人们获得语感的过程是自动的，无须意识努力去发现语言结构的规则，却可以在言语行为中准确地使用它们；语感获得后人们就能对语言规则进行迁移，从而在以后的言语活动中更加自如地运用这些规则；人们对语感的认识是"只可意会，不可言传"。

4. 背得多，写得好

"读书破万卷，下笔如有神"。毫不夸张地说，能倒背如流大量的文章，能脱口而出大量的名言警句，就一定能随手写出漂亮的文章。你背诵的每篇文章都会在你的大脑里形成一块模板，每当你遇到类似的主题，句子就从大脑中涌出来，一篇漂亮的文章就这样自然而然地出炉了。

先理解后背诵，才能真正记住

背诵，最忌讳的是死记硬背。死记硬背虽然记住了，但是由于没有理解，没有纳入知识体系中，没有真正成为自己的知识，提取的时候就比较困难，很容易遗忘。

1. 先理解后背诵

教育家苏霍姆林斯基早在他的《给教师的一百条建议》中有过论述："一种不好的做法是：对于那些作为概括性的东西的本源的材料，应当加以深入思考的，学生却在背诵它。结果使得记忆负担过重，以致在学生的头脑里，连那些为了进一步顺利学习而必须记住的材料，也无法保持。""如果一条规则是没有经过透彻思考过足够数量的事实而硬背下来的，那么学生可能记住了它，但是却不懂得它，因而就连记忆也是不会牢固的。"

艾宾浩斯在实验中发现，记住 12 个无意义音节，平均需要重复 16.5 次。为了记住 36 个无意义音节，需重复 54 次。记忆六首诗中的 480 个音节，平均只需要重复 8 次。

这个实验告诉我们，凡是理解了的知识，就能记得迅速、全面而牢固。对记忆的内容理解得越好，遗忘得也越慢，死记硬背费力不讨好。理解是背诵的基础，对要背诵的文章，首先尽量深刻地理解文章的意义，然后在这个基础上去背诵全文，这样就会背得快，而且不容易忘记。

2. 理解得越深入记忆得越快

记住了的东西也会忘记的。所以，在理解知识、记住知识的基础上，要勤于复习，重复训练才不会忘记。男孩不要觉得重复训练是浪费精力，无论什么内容，每重复记忆一遍就能深入理解一些，特别是有意识地去理解，效果更好。

举个例子，背诵一篇文章，从理解整篇内容入手，捕捉重要语言线索，对所读文章获得总体印象，然后分段找出中心思想和重要信息，对文章进行表层理解。在此基础上，来理解作者的意图和立场，对篇章进行深层理解。熟读后背诵课文。

过度记忆法：
找到"基点度"，实现"最适度"

志豪用了整个一晚上的时间背会了《沁园春·雪》，上课的时候，被老师喊起来，背到"原驰蜡象"，后面的就记不起来了。怎么回事呢？妈妈说，还是没有真正记住。下次一定要多背几遍。

有一次背诵英语课文，志豪背会了，又接着背诵了一个小时，累得晕头了。虽然记住了，但是，也太消耗时间，太累了。

什么是过度记忆法

美国心理学家莫尔说过：要想在一段时间之后有好的保持和回忆，就必须进行过度学习。事实证明，过度学习往往比一般学习的效果要好。过度学习法，就是充分运用记忆和遗忘规律，通过过度学习来实现过度记忆。

什么叫过度记忆法呢？美国一位心理学家下了这样的定义，识记某一材料达到最低限度熟记时，继续学习或复习。简单说，就是在"记住"和"学会"的基础上，再继续学习，继续把某种知识和技能学习到接近学习者的最高潜能程度的学习方法。

德国心理学家艾宾浩斯曾经进行过"过度记忆"实验。他用不同的过度记忆次数去记忆几组16个无意义音节，在达到刚能背诵时，对第一组多读8次，对第二组多读16次，这样，对最后一组多读64次。间隔24小时后复习，直到能够正确背诵为止。结果发现，保持的百分比几乎与"过度记忆"的次数相等，即多读64次的多保持了64%，并且总结出，这个数相对成了极限。这个实验说明：为了提高记忆效率，应该对识记材料进行超量记忆。

但是，人脑会疲惫，人的时间也有限，无限制过度则会出现"报酬递减"的情况，可能产生注意力分散、厌倦、疲劳等消极影响。为了恰到好处地"过度"，需要寻找一个"最适度"。

那么，过度记忆到什么程度呢？有人做过这样的实验：让三组被试者练习玩手指迷宫游戏，第一组练到刚好正确地完成游戏为止，第二组多做50%的练习，第三组多做100%的练习。隔一段时间后测验，结果是多做50%练习的，记忆效果显著提高，而超过50%的，记忆效果并不随之再有显著的提高。由此可见，过度记忆也不是越多越好，过度次数与记忆效果并不保持相同的增加幅度。心理学实验认为：如果以刚刚记住的时间为100%，那么，过度记忆的最佳值为150%，再少则效果不显著；再多则耗时费力，得不偿失。

男孩记忆内容时，先要根据自身情况和不同学科、不同内容来确定过度学习的"基点度"和"最适度"。"基点度"是指达到"记住"和"学会"的学习次数或学习时间；"最适度"是在"基点度"的基础上增加学习次数或者学习时间的50%。

灵活运用过度记忆法

过度记忆法有利于更高效地掌握所学知识。中学生学习任务重，生活内容多，社会交往增加，总觉得时间不够，如何更高效地掌握所学知识对他们来讲是一个必须考虑的问题。其实，过度记忆法是个很好的方法。

1."过度记忆"要把握好度

大纲对所学知识的要求分为熟练掌握、掌握、理解、了解等，运用过度记忆法主要是对重要的、基础的知识而言，而不是不分主次，对于早就掌握的知识或者通过基础知识推导出来的，就不用过度记忆法了。

2.错过的知识更要过度记忆

在写作业或者考试过程中，如果出了错误，不但要细心改正过来，还要对正确知识和解题方法过度记忆，以便于将正确知识"结构化"到系统中，替换掉错误的知识。反复记忆，通过增强知识之间的连接来建构更为稳固的知识体系。

3.视情况而定

这个"过度"一定要视情况而定，如果时间允许，可以一次性达到150%，时间不允许，可以背会后，等有时间再复习。即使做到了过度记忆，也并不等于以后就不需要复习了。如果时间不允许，可以分两三次达到150%，但为了记忆得更牢固，过后仍然要复习。

不是你笨，是你没选对记忆方法

张宇最怕背诵古诗词了，大半天下来也记不住几句，最要命的是没过几天又忘了。张宇觉得太耽误时间啦，可又不能不背。各种大小考试，特别是高考，古诗词占分比重不低。而且，相比于其他知识点，题目变化少，更容易拿分。所以，丢分就太冤枉了。可是，记忆起来也太难了，比英文还难记。怎么才能记住呢？

根据记忆内容选择记忆方法

在学习过程中，总会有一些难以记忆的内容让男生头痛，比如概念、定理、古诗词等。这些知识点很重要，需要记忆得特别熟练、准确，才能应付考试。有的同学说，很多概念、词语都可以理解，但要真正背诵下来，背得特别准确就很难了。一个概念背诵半个小时都记不住，一些意志不坚定的男孩可能坚持不下来，中途就放弃了。

有个男生背诵《登高》，几遍下来，还有些生疏。他写了好多作业后，才开始背诵，大脑有点儿麻木。于是，他就认认真真写了一遍，在诗文的下面还标注上了译文。接下来，他闭上眼睛，默默地回忆译文。回忆不起来的地方，就翻开书看看。

理解了整首诗的意思后，男孩开始背诵，一边背诵一边跟译文对照，记忆下来后，就在纸上默写，一共写了3遍，然后大声背诵，就记住了。

为了增强记忆力，男孩把这首诗写在了手机上、小卡片上，这样在等车的时候、吃饭前、晚饭后，有时间了就回忆一遍，回忆不起来，随时都可以看到。

当然了，其他难记的知识点，也可以通过这个方法来记忆。

综合运用多种记忆方法

在紧张的学习中，每个孩子都希望自己的大脑能够快速运转起来，不再为记不住发愁。那么，就要想办法提高记忆力。

1. 多掌握几种记忆方法

记忆方法可分为两大类：一是机械记忆，即对认识对象进行多次的简单重复。这种方法适用于那些材料本身无内在联系，或一时理解不了的材料。如一些国内外重大时事政治中的人名、地名、时间等。二是意义记忆，亦称理解记忆，即对认识对象进行深刻理解，然后复述。一些非概念性的内容，有时只要说对意思就可以理解了，能复述出来就是记住了。

在一些常用的记忆方法中，都是既用到机械记忆也用到意义记忆。比如，重复记忆法、对比记忆法、归纳记忆法、联想记忆法、背诵记忆法、理解记忆法、分段记忆法、关键字记忆法、情景记忆法、零碎时间记忆法等。

在记忆的过程中，如果一种方法记不住，不妨换另一种方法试一下。

综合运用多种记忆方法，既指在记忆的时候不同的内容用不同的方法，也指运用多种手段、多种方法来记忆。比如分类记忆、图表记忆、分段落、编提纲、做笔记、写小纸条等。

2. 多种记忆方法配合使用

当记忆内容较多、较难理解的时候，只用一种记忆方法就很难应付了，即使背诵下来耗费的精力也很大。这个时候，不妨选择几个记忆方法配合着使用。

比如，要背诵"关系国民经济命脉的重要行业有哪些"，里面涉及很多行业名词，有的语句概括性很强，难以理解。

记忆时，可以先挑出词语，通过查字典、查相关资料，达到透彻理解后，再分成几个小块，一块一块地理解、背诵。

心理学家研究发现，人的记忆广度为 7 ± 2 个模块，也就是说，给你一个材料让你去记忆，一般情况下，把这个记忆材料分成 7 个左右的小材料去记忆，效果比较好。

一段文字，先分成 7 个部分，一部分一部分地记忆，等把几部分都记住了，就串联起来。如果是较难的内容，反复记忆了好几遍，即使感觉很熟练，睡前还要回忆一遍，第二天早晨再默默背诵一遍。

用比较记忆法，省劲

语文测验分数出来了，笑笑得了 80 分。一听这分数，笑笑心里就开始翻腾，题目不难，考前也用心复习了，怎么会这么低？

试卷发下来后，笑笑服气了。同时也疑惑了，这些成语自己都背诵过好多遍，怎么就没记住呢？

有一个选词填空，备选项是"不以为意、不以为然"。

① 对作文中的错别字，有的同学 _____，长此以往，就会变成"白字先生"了。

② 对于这位同学的看法，他 _____，有自己独到的见解。

他选错了，正确的怎么填呢？

翻开课本一看，"不以为意"的意思是不把它放在心上，表示对人、对事抱轻视态度。"不以为然"的意思是不认为是对的，表示不同意或否定。

比较记忆法能够促进记忆

心理学表明：事物的特点通常在与其他事物的对比中显示出来。正所谓"有比较才有鉴别"，对一些相近的、相似的知识，通过比较分析，能理解得更深刻。

不同知识点之间会有一定的联系，比如，两个四字成语会有三个字一样、两个成语互为反义词、数学概念互相包含等。知识之间是互相联系的，学习新知识的时候如果能想到旧知识，甚至是其他学科的知识，把知识与其他知识联系起来比较、区分，记忆起来就会容易很多。

赵伟是一名学习成绩优异的中学生。在同学眼里，他有着超人的记忆力。不管多么难以记忆的内容，赵伟都能想办法记住。

学习政治、历史、地理时，要背诵的内容多。他会根据当下的背诵内容寻找已经学过的类似内容，仔细找到相同点或者不同点，这样，有已经掌握的知识垫底，理解起来就快了很多。

将知识点与以往学过的知识比较，比如，压强与压力，压力与重力，物质密度与物体密度，溶化与熔化等。通过比较，找出它们的异同点，发现知识之间的区别与联系，不易混淆。

学会运用比较记忆法

比较记忆法有助于掌握知识，那么，怎么比较呢？常用的有以下几种方式。

1. 对立比较法

记忆时，把相互对立的事物放在一起，能形成鲜明的对比，容易在大脑中留下清晰的印象。进行对比联想的时候，是根据知识点想到相反的知识。

例如：记忆"民主"这个词，可以联系着"专政"这个词；记忆有理数的时候，要联系着无理数等。这样不但记忆快，记忆效率也会很高。

在运用对立比较法的时候，男孩可以列出表格，这样可以把要记忆的内容清晰地呈现出来。形象生动，有利于记忆。

2. 类似比较法

一些表面上相似的知识，在本质上却有很大差异，记忆时，可以找出相似的内容来予以比较。

例如：记忆浓盐酸的密度时，$1.19g/cm^3$ 这个数字很难记，可以联想到火警电话为 119，张骞第二次出使西域的时间为公元前 119 年。这样，同时温习了三个知识。

3. 横向比较法

在学习过程中，存在着许多同类的不同事物。横向比较是同时代、同品种、同类性质的事物进行比较。比如，学习俄国的"十月革命"的时候，可以与德国的"十一月革命"进行对比记忆。

4. 纵向比较法

指新旧知识之间的比较，在接触新知识时，把它与头脑中已有的旧知识相比较，找出相同之处或者不同之处。

怎么记不住呢

云恺是个特别用功的孩子，每天都在学习，很少玩，更不上网，体育运动也很少，还经常熬夜。在外人眼里，他是个靠谱的、有出息的孩子。可是，云恺的父母并不这么认为。这个孩子的学习成绩并不是特别突出，而且有越来越差的趋势。

小区里有几个孩子，业余生活特别丰富，打篮球、踢足球、打乒乓球，假期里还游泳、跳街舞，有时还去 KTV 唱歌。用他们的话说，这叫放松。这几个经常放松的孩子成绩非常不错，都是班级前几名。

当云恺看到那几个伙伴在外边玩的时候，非常羡慕。他好奇，难道他们已经完成作业了？他忍不住自责，自己的记忆力怎么这么差呢？背诵了老半天还没记住。

你的坏习惯扼杀了记忆力

多年从事记忆研究的英国爱丁堡大学心理学专家罗伯特·洛基教授在接受英国《每日邮报》采访时指出，人们过去常将健忘等记忆力下降的表现归咎于衰老，然而近年来多项国际研究发现，不良生活习惯才是破坏记忆力的罪魁祸首。

为研究睡眠对记忆的影响，美国纽约大学华人学者甘文标及其研究团队培育了两种小鼠，让它们学习在旋转棒上站稳，其中一种小鼠学习 1 小时后睡眠 7 小时，另一种小鼠学习的时间相同但不准睡眠。研究人员利用双光子成像技术观察小鼠大脑的运动皮质，发现有睡眠的小鼠会长出较多的新突触，学习能力较强，睡眠被剥夺的小鼠则基本没有新突触生长，学习能力相对较弱。

甘文标教授说："这项成果对小孩子学习特别重要。如果你不停地学习，甚至牺牲睡眠来学习，那是不行的，因为大脑神经元不会有新突触形成，你根本记不住。"

除了睡眠不足会影响记忆力，还有很多不良习惯对记忆力也有很大伤害。

美国南加州大学研究指出，常喝含高浓度糖分的甜饮料可损伤大脑海马区细胞，干扰正常功能，降低记忆力。尤其是未成年人，青少年时期常喝高糖饮料可能影响成年后的记忆力。

2012年英国伦敦国王学院通过记忆测试发现，吸烟的人记性更差，原因在于吸烟时不仅吸入有害气体，还会减少氧气的吸入，大脑长期缺氧，久而久之会损伤记忆。

刊登在美国《医学日报》上的一篇报道指出，肥胖者出现记忆丧失的风险高出体重正常者3倍。减肥可提高人体调节血糖的能力，利于大脑海马区健康，能改善记忆力。

美国最新研究指出，睡眠不足会导致脑细胞死亡。每晚睡眠4~5小时，连续三晚，便可杀死25%的脑细胞。相反，美国纽约大学研究发现，保持充足睡眠，利于加强神经元之间的联系，增强记忆力。

好好养养你的记忆力

酗酒、熬夜、不运动等不良生活习惯会伤害记忆力，男孩除了不要养成这样的不良习惯外，还要多做一些有助于提高记忆力的事情。

1. 常微笑改善记忆力

据英国《每日邮报》报道，美国加州洛马林达大学的研究人员发现，微笑可以让大脑进入真正的冥想状态，进而增强记忆力。

这项研究成果表明，微笑可以减轻皮质醇这样有害的压力激素对记忆海马神经元的损伤、降低血压、增强血液流通、改善心情。这些积极有利的脑神经化学反应又反过来促使记忆系统更好地工作。

男孩要养成微笑的习惯，不仅高兴的时候笑一笑，吃亏的时候、与人见面的时候、吵架的时候、疼痛的时候，放下负面情绪，对自己笑一笑，不但改变了心情、促进健康，还能提升记忆力。

2. 坚持锻炼能增强记忆力

据美国《医学快报》报道，美国密歇根州立大学的认知神经科学家发现，坚持体力活动，特别是进行有氧运动，可以改善人的长期记忆力。中学生学习任务比较重，爱学习的男孩会把更多的时间花在学习上，难免会造成大脑疲劳影响记忆力，导致学习效率下降。学习时间久了，男孩不妨出去锻炼一会儿，打打球、散散步、骑骑自行车、跳跳绳等都是很好的有氧运动。

3. 保证睡眠质量

想要好记忆，得有好睡眠。科学研究发现：当人进入深度睡眠时，大脑神经元会长出新的突触，加强神经元之间的联系，从而巩固和加强记忆。

男孩要树立一个观念，睡眠是为了更好地学习，不是浪费时间。对成人来说，晚上 11 点前睡觉，早上 6~7 点起床，比较合适。中学生睡眠时间最好达到 8 小时，如果学习很紧张，也不能少于 7 小时。

4. 以积极的心态应对考试

美国普渡大学研究发现，学习新知识后马上考试，掌握程度更好。这一现象被称为考试效应。

合理的考试有助于学生把知识更牢固地嵌入知识系统。不管是月考还是季度考，男孩都不要反感，以积极的心态面对，更能促进学习。

第3章
青春期男孩解题派

——超越"解题神器"，提高解题能力

　　面对一道题目，会和答对之间有一定的距离，会做和记住又不是一回事。智能产品固然好用，但其只能做你学习的帮手，要想做学霸，还得练出超强的解题能力。

"解题神器" 很利于学习吗

王丰是一名初二学生，做题时，如果遇到实在不会的题目，会上传到网上让高手帮忙解答。答案出来后，他不会立刻抄下来当成自己的，而是看看对方解答得对不对，理解后，再独立做一遍。

他的同桌自从下载了这个软件就离不开了，写作业时经常偷偷拿出来算答案、对答案。王丰经常提醒他，别依赖那玩意儿，不动脑直接抄上了，还是不会。同桌不以为意，我行我素。老师突击周测验，一共十道课后习题，同桌绞尽脑汁做出了一道半，而王丰全答对了。

看清"解题神器"的利与弊

伴随着互联网技术的发展，"解题神器"应用程序普及起来，下载 App，找到页面，输入题目，就能得出答案。"解题神器"解决了孩子们遇到难题没有老师辅导的苦恼，很受欢迎。所谓"解题神器"，主要就是把不会做的题目拍下来发到网上或手机客户端，随后等待各种回复。这些应用程序，绝大多数都可以免费下载，不过如果要"名师指点"，则要另外付费。基本上，每款软件里都包含拍照、剪裁、上传功能，然后由机器人或者网友帮忙解答。

"解题神器"真的很神，但是它真的是学习上的好帮手吗？

1. 有的"解题神器"并不神

有记者调查了几十种功能比较相似的解题软件，发现帮助"写作业"的软件中，有的能快速给出正确答案，有的则不能。

有网友分享了使用经历："打开一款解题软件，将手机摄像头对准题目 $(1.36+4.85) \div (0.15 \times 6)$ 扫描。软件扫描了 10 多秒，却意外地弹出了三个答案：-3.87778、145.722222、6.9。"很显然，正确答案应该是 6.9。

有位网友说，贴出一道语法选择题，不到两分钟就有人提供了答案；又过了半小时，另外一名网友给出了另一个答案，但是对比标准答案，两个答案都是错的……

由此看来，迷恋"解题神器"很危险。如果不动脑，找不到更靠谱的应用程序，很可能被错误的解题方法误导，被坑的结局就是中了错误解法的招，再掌握正确的做法可能会比较难。

2."解题神器"使用得当，能促进学习

在学习过程中，男孩难免会遇到不会做的题目、理解不了的知识点，这种情况下，求助"解题神器"有助于解决问题，避免在某一道题目上浪费太多时间。

求助的前提有两个：一个是经过思考实在不会做，再纠缠下去也是白白浪费时间。另一个是得到答案后，要认真看懂，确认答案正确，然后自己再做出来。

3.直接抄袭，弱化了思维力和求知欲

"解题神器"会把正确答案、解题步骤一目了然地呈现出来，如果男孩不假思索地照搬到作业本上，虽然达到了完成作业的目的，但却达不到写作业的目的。

解题是个思考的过程，绞尽脑汁峰回路转后的快乐会使求知欲大增。如果直接照搬答案，没经过独立思考，所学知识便得不到应用。长期这么做，不但不利于掌握知识，也会弱化解题能力，更谈不上提升发散思维水平。

巧用智能产品，必要时向它求助

对待"解题神器"，是"不屑一顾"，宁可空着也不求助以免坏了"节操"，还是"奉若神明"，当成对付难题、对付作业的秘器呢？把握住以下几个原则，就知道怎么看待和应用"解题神器"了。

1.智能产品有助于提升学习效率

智能产品不但有助于提升工作效率，使得以前1小时能完成的工作，当下半小时就能完成，而且，对孩子学习效率的提升也有帮助。当下，各种带有针对性的细分App都有名师线上授课，而且先试听后交费，非常方便。

所以，当男孩遇到较为复杂的题目，不妨看看App，听听专家的讲解，弥补自己的不足。

2.学会质疑"解题神器"给出的答案

"解题神器"的答案供给者不是很权威，给出的答案不能保证百分之百正确，如果想得到一些参考，男孩要有一个鉴别的过程，有疑问的时候，要向老师请教。

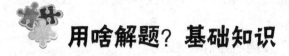

用啥解题？基础知识

王浩是一名优等生，解题能力一直都很强，越是有一定难度的题目，他越能顺利解出来。老师一直觉得他是一个很有潜力的学生，对他寄予了厚望。

最近几次考试，王浩成绩不是很理想。老师发现了他的弱点，提示他把最近几次的试卷放在一起，查找一下出错的原因。王浩细心看过试卷，告诉老师，错的题目都不是难题。老师启发他："为什么会这样呢？"王浩回答不上来，试着问老师："是马虎的原因吗？"

老师摇摇头，对他说："你可能忽略了扎实掌握基础知识的重要性！当你没能扎实掌握基础知识，答题时会有模棱两可的情况，并且出错率高。"

王浩翻出最近的试卷，对照着课本反复研究，发现丢分就是因为基础知识掌握得不够扎实。从那以后，他十分重视基础知识，每个知识点都掌握得滚瓜烂熟，没多久，成绩就上了一个台阶。

基础知识决定学习效果

基础知识是最基本的知识技能，是学习的基础。不管哪一科都有很多基础知识，男孩要想掌握所学知识，在考试中获取好成绩，一定要牢固掌握基础知识。

基础知识呈链状结构，上面的每一个点都不是孤立地存在的，而是一个全方面有链接的环。不管哪一部分掌握得不够牢固，环状链接都会变得松散，都会导致知识链不够牢固甚至断链。当继续学习新知识的时候，学习难度系数递增。有的孩子学习一天不如一天，上课越来越听不懂，成绩一天比一天下滑，就是因为没有打好基础知识这个学习的地基，导致整个学习过程不畅通，最后对学习失去兴趣。

任何一个科目的学习都是在理解的基础上牢固地掌握必要的基本知识、技能后，迈向更深层次的理解应用。重点放在系统地掌握课程内容的内在联系，掌握分析问题的方法和解决问题的能力上。解题靠的是理解和分析能力，要提升这两项能力就要透彻地理解基础知识，形成正确的知识结构，建立起知识间的联系。

有的孩子很重视基础知识学习，每个知识点都牢牢地掌握住了，觉得越学越轻松，学习进入一个良性发展的过程，会更加有自信。

历年的高考考试说明中都明确提出，注重基础，考查能力。有基础才会有能力。如果基础打不好，能力更无从谈起。

当下，很多男孩被编程这件事情吸引，业余时间，他们也加入到了编程大军当中，还会为自己磕磕绊绊地设计出了让自己引以为豪的小游戏而兴奋。过后，男孩也会沮丧，因为他们的作品与那些"大咖"设计出来的游戏在娱乐性、刺激性、趣味性、诱惑力上有着很大的差距。这些差距体现在数学能力、发散思维能力、创造性思维能力、逻辑思维能力、抽象思维能力、理解能力、问题解决能力等方面。而这些能力，正是青春期男孩在学习过程中发展起来的。

下功夫，扎实掌握基础知识

中学阶段，已经进入了一个既要掌握基础知识，又要能够运用基础知识解决问题、提升思维能力的时期，掌握不住基础知识就无法解题，难以获得好成绩，更不会让自己的思维能力升级。

1. 搞明白什么是基础知识

所谓基础知识就是课本上所讲的那些最基本的知识，包括基本概念、基本理论、基本运算；字音、字形、字义，词语辨析、标点、成语使用、病句辨析及修改、句子的清晰连贯得体和修辞，古诗文默写、浅显文言文的阅读和翻译等。这些内容都是课本上有，老师在课堂上重点讲过的，笔记上也标记好的，男孩要记得一定在第一时间掌握。

这些知识内容很多，架构成一棵知识树，让知识系统化，更便于记忆。如果每天都掌握住当天所学内容，就不觉得多，而且记忆起来很容易。

2. 重视基础知识

男孩不要等到考试丢分了才意识到基础知识的重要性，而是从学习那一天起就把掌握基础知识放在第一重要的位置上，不理解不放弃，不熟练不罢休。

每一个知识点都要做到牢牢掌握，用时能准确写出来。基础知识要理解、会运用，切忌死记硬背。

3. 行动起来，掌握基础知识

每天放学后，把当天所讲的基础知识复习一遍，记住为止。睡觉前复习一下，在复习的过程中，尽量把重点记忆的知识点跟以往的知识点相联系，建立知识结构，构成知识网络。俗话说，好记性不如烂笔头。学生都有笔记本，隔一段时间，拿出笔记本，找到某个知识点，然后闭上眼睛想一想，看看能想出多少，有多少在嘴边却说不出来，最后，对照着笔记本好好巩固一下，就是送给基础知识一次相当好的福利啊！

你真的看懂题意了吗

语文测验后，同学们凑在一起讨论今天的作文。"生活需要_____"是个半命题作文。

在大家看来，这个作文很容易写。有人写的是"生活需要乐观""生活需要面对""生活需要付出"，感觉都不错。谈着谈着，有个同学大喊："完了完了，我跑题了。"大家好奇，问他写的是什么。这个同学说："我的题目是'生活需要微笑'，可内容写的却不是为什么生活需要微笑，而是写了一大堆如何微笑，哎呀，跑题了！"

写作文，成也审题，败也审题

写作文最怕"下笔千言，离题万里"，写是写了，但是跑题了，能拿分吗？没功劳也没苦劳。怎么就跑题了呢？主要原因就是审题不够准确。

无论做什么类型的题目，都需要审题。所谓审题，就是弄清楚题目的意思，弄清楚已经知道什么以及问题是什么（已知和未知）。审题是搞清楚这个题目要答题者解决什么问题的过程。和审题密切相关的是所谓的"问题表征"。问题表征是指解题者通过审题，认识和了解问题的结构，通过联想激活头脑中与之相关的知识经验，从而形成对所要解决的问题的一种完整的印象。

审题发生在看题和动笔解题之间，理解、分析、研究题意，明确题目要求，当然了，一边写一边也要审题，以便进一步理解题意，确定解法正确无误。审题后，答题方式一般就确定下来了，当然，得掌握相关知识，会做，不然，在审题环节就败了。

在审题的时候有轻视心理或者着急，就容易丢三落四，没有看清楚题目的意思，匆忙解题，导致错误。尤其是在写作文时，如果审题不当，就会"下笔千言，离题万里"。

对于作文题目，审题后，还要有一个清楚的立意。别的题目审题后就能下笔做题，而作文，一定要立意好了再谋篇布局。所谓立意就是确定文章的中心思想。主题是文章的灵魂，文章的立意、构思、表达都必须为主题服务，围绕主题来选择、确定。它有时跟审题同步进行，有时则是经审题而得出，即所谓先审题而后立意。

写作文的时候，立意要满足正确、深刻、新颖、真实、集中五个要求，才能写出一篇优秀的文章。这就需要在审题阶段善于分析，能够综合概括。

在完成立意的过程中，文章题目也就基本确定了，这个时候在大脑中构思出一篇文章的框架，包括谋篇布局、选择事件、叙述风格等。

如何提高作文的审题能力

审题很关键，提高审题能力是写好一篇作文的核心。那么，如何提高审题能力呢？

1. 审题时，明确主题是什么

审题就是推敲命题人的用意，推敲题目的含义和要求，明确该写成什么文体，该以哪种表达方式为主，该写些什么内容，该确定怎样的中心，该选用什么材料，该先写什么后写什么，该以什么为重点加以叙写，该表达怎样的感情，等等。

2. 多读两遍

一遍拿不准，就再读几遍。审题时，只有逐字逐句地看清楚，才能从语法结构、逻辑关系等方面真正弄懂题意。

审题的时候，养成多读两遍的习惯，能有效预防跑题。读题的时候先粗读，再精读。粗读是初步了解问题的大概，讲述什么问题。精读，是指分句、分段逐字阅读，理解每句话的含义。精读时首先要边读边想，抓住与问题相关的量，对重要的字、词、量标上记号，提醒自己注意，细心体会它们的含义，理解各种量之间的关系。

找出关键词，可以将该词勾画出来或者写在演算纸上，有助于重点记忆。关键词通常有两类，一类是题目条件结论中涉及的概念，这常常是实词；另一类则是应该予以警惕的一些词，往往是虚词，比如至少、至多、不少于等。

3. 牢记一些规律

在审题的时候还有一些规律，要懂得，命题作文或者半命题作文题目中有表示时间、地点、人物、事件等要素的词语的，应写成记叙文，题目仅是一个词时，如果是人称代词或指人的名词，无疑是写人的记叙文；但是，如果以事物名称为题目，则既可以写成记叙文，也可以写成说明文。

题目中有"介绍""方法""规则""说明"等词语的，大都应写成说明文；题目中有"论""议""谈""说""喻""驳""斥""读""读后""观后""有感""启示"等词语的，都应写成议论文；题目是个句子（包括反问句和无主句），蕴含某种哲理的，或者能表明某种看法或主张的，一般也应写成议论文；题目是个并列短语，题意要求说清并列的两方面的关系时，也要写成议论文；题目不完整时，得按题意要求，把题目补充完整再作文；有些作文题不是一个题目，而是给出条件或材料，审题时要把所有条件和要求搞清楚，材料尽量用上。

审题就是要抠字眼，要一个字一个字、一个词一个词地分析，看它对写作有哪些暗示、要求和限制。要善于从限制中发现题目的"自由空间"，要认真对待多重限制条件，要把握题面上的重心，做细致而深入的思考，努力探究它的含义。审题是为了切题，只有把握准了，才能使作文不偏题。

学好数学，解题能力是关键

程明是一名初一的学生，开学只有半个学期，他做数学题目的能力就惊艳了同学们。怎么能做得这么准确呢？同学猜想，他一定做了很多的题目。有人问他用什么习题集，程明笑笑说："就是学校发的练习册啊！我做的题目不多，但是学习的时候很用心，还整理出了错题本和难题本，不断总结、归纳解题方法。我想，这才是我善于解题的根本吧！"

学好数学的关键：解题能力

一个数学学得好的学生，做题时就像战场上无往不胜的将军，没有题目可以难倒他。没有哪个男生不期待自己能够在数学领域游刃有余。

有一些孩子总是搞不定数学问题，使得他们的数学学习很费劲。美国著名数学家 G.波利亚说过："问题是数学的心脏，掌握数学意味着什么？那就是善于解题。"解题能力是综合获取信息、处理信息以解答问题的一种能力，除需要一定的知识储备、认知水平外，更需要有良好的审题习惯、有效的思考方法做保证。

男孩不能顺利解题的原因很多，其中很重要的一点就是不关注如何解题。男孩一定要懂得，在解题的过程中，不要只顾着寻求答案，而是要综合运用所学知识，寻找题目里的逻辑关系，深入思考，运用公式、定理细心推导，在对公式、题目的理解上，不但要知其然还要知其所以然，举一反三，解题能力自然就提高了。

如何提高数学解题能力

1.扎实掌握基础知识和基本技能

数学习题中的许多问题都是基础知识的综合，要做出这些习题，先要掌握基础知识。数学的基础知识包括基本概念、性质、公式、定理等，这些内容是进行推理、判断、演算、解题的依据。

要快速完成一道题目，仅仅掌握基础知识还不够，还要掌握一定的运算能力、运算法则、解题规则等，这是保证运算顺利进行的基本技能。除此之外，男孩还要学会总结一些小秘诀，比如，寻找隐含条件、快速写出数量关系、用图形分析数量关系等。

有的题目已知条件比较少或者不明显，不足以解出答案，这时就要找找是否有隐含条件。挖掘隐含条件，找到新的信息与依据，思路就能豁然开朗。

当涉及的数量关系较复杂的时候，在审题过程中把与解题有关的数量关系简化出来，有利于明确题意，解题就容易了。遇到比较复杂的应用题，可以通过图形来分析数量关系。

2. 从套例题到自主思考

遇到不会做的题目时，找到课本上的例题，套用例题的解题模式、思路和步骤，十有八九都能解对。但是这种通过类化来解题的方法只可以解决一般的题目，对于有一定难度的综合类题目就不一定能应付得来了。

数学试卷上会有一些拔高题目，这些题目综合了多个知识点，已知条件是套在条件里面的，靠套例题的方式难以解决。只会套例题的学生平时成绩不错，到了考试就不灵了，问题就出在对知识掌握得不够灵活、思维僵化。

男孩要学会主动思考，做作业的时候，用一种方法解答后，再用另一种方法解答一下；解完一道题后，反思一下，用了哪方面的知识；题目做完了，想一下跟哪道题最相似；完成了一道题后，给该题目"变身"，看看还能演绎出几个题目。这样，养成了积极思考的习惯，思路就灵活了。

思维水平是在思维过程中提升起来的，男孩只有积极主动地寻找解题思路，不断地分析推理，才能养成自主思考的习惯。

3. 熟练掌握基础运算题

什么是基础运算题？中学阶段，数学课本里有很多基本概念、性质、公式、定理都是验证和推导出来的，这个验证和推导的过程就是基础运算。作业和考试中的很多题目是从这些基础运算题目中演绎、变形、综合而来。

有的男生特别会学习，每次学完数学的某个定理后，除了掌握住这个定理的推导过程，还会从推导过程中找到以前学过的定理及其推导方式，然后将其糅合在一起，设置已知条件和问题，组成一道综合题目。这样，一道题里包含了几道小题，解答后对知识理解得特别透彻，做相关题目的时候也很顺手。

4. 既要有错题本也要有难题本

很多同学建立了错题本，把错题集中起来，改正错误似乎变得容易了。这是为什么？因为在归纳、总结的过程中，修正了错误的解题方法，提升了解题能力。如果想要更高效地提升解题能力，可以如法炮制一个难题本。

在 2014 年高考中拿到数学 191 分好成绩的蒋圣翊有个特别好的方法，就是建立难题本。他说："学习数学最大的心得就是总结和归纳，在平时做题的时候，归纳、总结出难题的解答方法，掌握住并储存在脑海里，到了考场上就能应对自如了。不管题目多难，用到的都是书上的知识点，关键是面对难题的时候能不能快速调动所学知识。如果能够快速理清知识脉络，对整理过的知识点进行排列组合，就能优选出最佳的解题方法。"

建立一个难题本，写出难题的解答方法，有几种写几种，反复复习，大脑里有解题方法，就具有了解答难题的能力。

如何掌握物理的那些精髓

程瑶物理成绩一直都不理想，为了学好物理，他拼命地记忆物理概念，各种概念背诵得滚瓜烂熟，就是用的时候搞不清速度和速率、功和功率、动能和动量、重量和质量了。那些定律也下功夫背，可到用的时候就混淆了，什么万有引力定律、机械能守恒定律、动能定理、动量定理、动量守恒定律等，一变换题目就不会用了。

他忍不住自问：难道我真的如同学说的，缺个物理脑吗？

学好物理的关键：掌握物理过程

哪个男生不想学好物理呢？牛顿、爱因斯坦、霍金，这都是青春期男孩心目中世界上一顶一的人物啊！他们的青春梦里少不了这样的人物。

定理、定律是构建物理学的知识大厦、要学好物理必须掌握的知识。但是，这些定理、定律很抽象，枯燥难懂，理解起来很费劲。到了高中，枯燥程度又有所提升，即使一字不差地背诵下来，出个题目照样不会做。怎么办呢？

大部分定律都是通过实验发现的，定理则是建立相关的概念以后依据实验定律运用逻辑推理得到的规律。掌握实验和推导这些物理过程，有助于理解这些定理和定律。

举个例子，液体内部压强的规律，$P=\rho gh$，这个老师是通过实验来讲解的，如果一次没有听懂，或者理解不深刻，可以自己做个实验。

先准备好材料：

（1）大烧杯。

（2）U形管液体压强计，液体压强计是由金属盒、橡皮软管、玻璃U形管（内装有液体）组成。U形管的右管开口朝上，左管通过橡皮软管跟一个扎有橡皮薄膜的金属盒相连。当金属盒的橡皮膜没有受到压强时，U形管两边的水面相平，表示两侧液面上方的压强相等。

（3）足量的水和盐水。

实验过程是这样的：将 U 形管压强计的覆有橡皮膜的金属盒放入盛水的大烧杯中，可以观察到，在不同深处 U 形管压强计左右两管中液面高度差会有变化，压强越大，高度差越大。然后，把烧杯里的水换成盐水，再做一次，理解起规律来就更容易了。

如何准确掌握物理过程

掌握物理过程是学好物理学，理解各种定理、定律的最有效和最实用的方法。那么，怎么做才能掌握住物理过程呢？

1. 注意听讲，有助于掌握物理过程

当老师在课堂上讲概念、规律时，往往会通过一些具体的实验和生活中常见的现象去帮助学生分析、归纳，这时候学生不应该只是被动地听老师讲，而是要积极地参与进来，跟着老师的讲解去观察、分析、联想，从而得出正确的结论。

例如，老师讲到物质的吸热能力时，首先是提出问题，然后用酒精灯给相同质量的水和沙子加热，在相同的时间内，通过温度计示数来判断它们吸热能力的强弱。如果学生不是把自己看成实验的主动者，抓住相同时间内它们吸收的热量是相等的这一关系，往往就会得出温度计的示数越高吸热能力越强这样的错误结论。

2. 做实验时，多看多想

物理是以观察和实验为基础的学科，初中物理实验很多，很多定律要通过实验展示出来，观察有助于理解。不管是看老师做实验，还是自己亲自动手实验，实验的过程中，一定要记得，不要看热闹，集中精力看门道。

一边看一边思考，把观察到的物理变化跟课堂所讲的定律结合起来，不断提出问题：为什么会这样呢？这说明了什么呢？生活中什么现象也是这个道理呢？

3. 章节综合，紧密联系

物理知识联系紧密，熟练掌握了前面所学知识，学后面的知识就比较容易。男孩不理解牛顿第一定律，就难以想象物体在不受力的作用时的运动状态是怎样的。

在学习物理时，要不断进行小综合、大综合，找到交叉点，串联知识点，有利于理解和记忆。物理学有很强的逻辑性，不断综合有利于知识系统化，系统地掌握知识结构，加深对知识点的理解、掌握和运用。

学化学，实验最关键

谭毅一遇到化学反应速率和化学平衡方面的题目就会搞混，不知道应该按照哪种类型去做。老师教过的几个有明确特点的题型还能应付，当遇到有变化的题目时，就不能按照题意去解题。

谭毅把自己的苦恼跟老师说了，老师告诉他，不仅要记住定义、计算公式，还要掌握实验。为了帮助学生理解，老师领着大家又做了一次这个实验。以后，谭毅做类似题目，一遇到不理解的时候，就回忆实验场景，就能确定是哪类题目了。

操作性条件作用：化学实验

不做实验，谁能学化学？

化学是一门以实验为基础的自然科学。在实验中感知化学知识是学好化学的关键。著名化学家戴安邦先生曾经讲过："化学实验是全面实施化学教育的一种最有效的形式。"

从学习的原理来讲，化学实验是一种操作性行为，人们通过操作化学仪器来获得反应结果，从而得出反应公式。人们把这样的包含了操作性行为的学习过程叫作操作性条件作用。

20世纪30年代后期，行为主义心理学家斯金纳改进了另一名心理学家桑代克的"迷笼"，设计了"斯金纳箱"。斯金纳在他的箱子里装上一个操纵杆，操纵杆与另一个提供食丸的装置连接。在这个实验里，被试是小白鼠。斯金纳把饥饿的白鼠放在箱子里，观察到：白鼠偶然踏上操纵杆后，供丸装置自动落下一粒食丸。白鼠经过几次尝试后，发现按压操纵杆就会有食物出现，于是，它不断地按压杠杆，直到吃饱为止。在这个过程中，白鼠学会了用按压杠杆的方法取得食物，按压杠杆变成了取得食物的手段或者工具。

与此同理，男孩可以通过科学实验去理解、获得实验规律。

举个例子，通过硫酸和铜的实验，得出硫酸铜的反应式。整个实验过程是在实验室里进行的，一般由老师指导完成。

当硫酸量较少时，或者在反应的开始阶段，出现黑色物质，同时生成刺激性气味的气体，根据这个现象，由 Cu 与硫酸反应，黑色物质只能是氧化铜，气体为二氧化硫。验证了：$Cu + 2H_2SO_4（浓）= CuO + H_2O + SO_2$

接着继续加入硫酸或者硫酸过量的时候，溶液又变成了蓝绿色，可以知道又生成了硫酸铜。验证了：$CuO + H_2SO_4 = CuSO_4 + H_2O$

把这两个反应式进行合并，就得出：

$Cu + 2H_2SO_4（浓）= CuSO_4 + 2H_2O + SO_2$

很多实验结果或者公式、反应式比较难理解，这种情况下就要自己想办法或者求助老师来做实验验证，老师做实验的时候，也要认真观察。

如何学好化学实验

在学习时，有许多演示实验和学生分组实验，无论是观察演示实验还是自己动手的分组实验，都用科学的态度来对待。

1. 学化学一定要细心

曾经有这样一个著名的故事，在这里讲出来，非常合适。

方教授在一所著名的大学里任教，他不但风趣幽默，讲课水平也是一流。所以每次他上课的时候，很多其他班的同学也跑来听。一天下午，又是方教授的课，与以往不同的是，他手里拿着几个瓶子。方教授告诉大家三个瓶子里分别装有煤油、酒精、醋酸。他小心地把三瓶液体各取了一点，倒进一个空瓶子里，然后把手指伸进瓶子里，蘸了一下后放进嘴里，一脸陶醉的样子。方教授请同学们来品尝，同学们尝试了一下后，都一脸苦相。怎么回事？原来方教授伸进瓶子里的是中指，而放到嘴里的是食指。

这个故事告诉我们，在做观察演示实验的时候，一定要仔细观察实验过程中的每一个变化，不然就捕捉不到化学变化。

观察演示实验，不但要看实验现象，而且也要注意实验装置，对实验操作的步骤、要点、仪器名称、反应原理、实验现象、实验结果的分析和处理、环保评价等，要多想想为什么。男孩一定不要认为化学实验好玩，只是抱着"看热闹"的心态上实验课。自己动手时，更要规范操作，逐步养成良好的实验习惯并掌握实验操作技能，为将来实验测试打下良好的基础。

在做实验的时候，为了促进思考，可以自问：这样设计的根据是什么？有什么优点？有什么缺点？有没有可以改进的地方？

2. 做实验时，观察要全面

中学化学可以说是建立在实验基础上的，它的每一个知识都是从千百次实验中总结出来的。

动手做实验时男孩一定要认真做，着力锻炼自己的实验操作能力，按照实验要求，反复操作，才能学会正确使用仪器。男孩要仔细观察实验现象，包括反应前、反应中、反应后的现象，不要漏掉任何一个过程。观察中还要积极地思考，用所学过的知识进行分析判断，看实验结果与预期结果是否一致，认真做好实验记录，如实填写实验报告。

不要忽视语文学习的重要意义

杨洋是一名初二的男生，学习很用功，但是，他的语文成绩却一直在下降，为什么会这样呢？难道杨洋不爱学习了？变懒了？当然不是！杨洋上课注意听讲，课后及时复习，什么文学常识、生字词语、段意、中心思想、写作特色甚至文章的启示，都复习得很详细，记忆得也很准确，可是，考试的时候还是不能取得好成绩。

语文学不好，其他科目受牵连

思维是对输入的刺激进行更深层次的加工，揭示事物之间的关系，形成概念，利用概念进行判断、推理，解决人们面临的各种问题。人们在日常生活、学习和工作中，在感知、记忆、思考后，输出的语言是靠思维组织起来的，表达的内容也是思考得来的。只背一些锦言妙句，写不出好的文章，也学不好语文，考试的时候拿不了高分。

有人说，一流的学习语文的人把语文当作工具，二流的学习语文的人把语文当作知识，三流的学习语文的人认为语文没用。男孩要力争做一流的学习语文的人，掌握词汇、学会表达。用语言表达思想，反映生活，让语文为各科学习、生活、工作服务。

语文学习也要注重思维，无论记忆字词、修辞格、背诵文言文等基础内容，还是阅读、写作中，以及其他科目的学习，都需要分析、理解、归纳、总结等才能完成，思维能力不强，各科都受到牵连。

如何在语文学习中提升思维能力

学习的终极目标就是运用所掌握的知识解决问题，问题解决是思维活动最一般的形式，提高思维能力，不仅是理科学习的任务，在语文学习中也要注重提高思维能力。

1. 博闻强记，提升阅读品质

从上学起就有语文课，一直到大学，还有大学语文科目，可见语文学习是一个长期积累的过程。要学好语文，光读几册教材是远远不够的，还要阅读大量的古今中外名著，增长知识，开阔视野，放飞思想。

阅读的时候要多动笔，写一遍对大脑的刺激相当于读几遍，在阅读的过程中，圈点札记、思考质疑、梳理、注解、评论、总结，博观约取，思考多了，思维就会缜密、灵活。

2. 多思考，锻炼思维力

在学习语文时，即使是学了一个新词语，也要多思考。思考什么呢？这个词怎么解释？这个词的同义词、反义词是什么？在课文中出现在了哪个段落里？具体是什么意思？这个思考的过程，很锻炼思维能力。

3. 归纳段落大意

每篇文章都是由若干个自然段组成的，先写出每个自然段的意思，然后合并成几个大段落，这个过程锻炼了分析、综合归纳能力。坚持归纳段落大意，分析每段的结构，特别锻炼分析综合能力。

4. 考试、做题的时候认真思考

考试的过程，其实是一个问题解决的过程。不管出题者把问题以哪种形式呈现出来，比如选择、问答、应用题、课文分析等，考查的都是运用所学知识解决问题的能力。要解决问题，就要按一定要求，遵循一定的规则找方法和途径，这个过程就是思维。

解决问题的能力要靠平时积累，多做一些填空题和阅读理解的题目，在解决这些题目的过程中，既增加了语文知识，又提升了寻找当前问题与过去相关问题的联系的能力，思路会变得开阔。

养成快而稳的答题习惯

每次考试，佩明答题都很快，有很多时间检查，同学很羡慕他。有人向他讨教答题快的秘诀，他说："我哪有什么秘诀？平时努力把学过的知识点背熟了呗！"每次学了新知识，佩明都会仔细阅读课本，正确理解书中的概念、公式、法则后，再做课后专项习题。

做题时，用到相关的知识点，如果拿不准或者不是很熟悉，佩明就会拿出课本，先弄清楚相关的概念、公式或定理，然后再去解题。在这个过程中，巩固了旧知识，加强了知识之间的联系，思维速度大大提升。

每隔一段时间，佩明都会对常用的公式进行一遍熟悉和默记，如三角函数公式，特殊角的三角函数值，化学中常用元素的化学性质、化合价以及化学反应方程式等。他把这些解题时随时都要用到的知识熟记于心，需要时信手拈来，大大提高了解题速度。

答题速度慢，拖累成绩

有的孩子无论做什么都很慢，大人强调千百次也不管用，依然慢。写作业、考试当然也不例外。为什么改不了呢？做事情会给人带来一种满足感，当一个人慢慢地做事情，并感受到了满足后，他以后就能从慢行为中获得满足感。

考完试，有同学大叫："哎呀，后面那道大题，我本来会，可惜没时间答了。这次，我的成绩高不了啦！"答题速度影响成绩，如果答得快，不但能做完所有会做的题目，遇到难题还有充分的时间思考，答完后还有时间检查，大大提升了正确率。

答题速度反映了一个学生的整体学习状态。太慢，答不完，可能是知识掌握得不够扎实，也可能是性格慢，还可能是理解慢。不管哪种原因导致的答题速度慢，男孩都需要改变，否则就会影响考试成绩。

提升答题速度的几个小方法

男孩答题速度慢表明综合学习能力不强，要想在规定时间内快速而准确地答完题目，需要从以下几方面下功夫。

1. 牢固掌握每个知识点

每一学科都自成知识体系，每一科的知识体系都是由无数个小的知识点构成的，这些知识点相互联系构成了一个大的知识网络。每一个知识点，对于它的条件、它适用的范围、它会得出的结果、这些结果在什么题目中会用到都要掌握清楚，在考试的时候才能熟练应用。

如果男孩调用每一个知识点或公式都会信手拈来，就不会在解综合题目的时候感到困难了。掌握知识点的方法，除了理解所学知识、加强记忆外，平时还要多复习、多做练习题。

2. 养成稳而快的习惯

什么是快习惯？阅读快、写字快，这里的快不是一目十行，题目都没看清就按照自己的主观理解做题了，做十道题错八道题。而是快速理解题意、做出解答，在快的基础上能够做到准确，只要会做的题目就能做对。

要达到这一点，男孩平时就要注意约束自己，做到不磨蹭、不分神、全神贯注。解题过程中认真写好每一个字，即使用的草稿纸也井然有序，按顺序写，而不是这里写几笔那里写几笔。男孩坚持这么做，就能在稳的基础上达到快的目的。

3. 按个性特点发扬优势、弥补不足

不同性格的人思维风格不一样，面对一道题目，有的男生一看会做就写出来了，速度很快，但是出纰漏的概率也大；有的男生看了会做，但是还要反复思考，觉得没问题了才开始写。前一种男生属于冲动型认知风格，后一种属于沉思型认知风格。两种风格从字面看就能找到各自的优势和不足。

冲动型认知风格的人反应快，但精确性差。沉思型认知风格的人反应慢，但精确性高。为了达到答题快而准的水平，冲动型要在做题的时候加强精确性练习，沉思型要提升速度。这样有针对性地练习，更能够发扬优势、弥补不足。

4. 不断总结解题经验

对知识的掌握分为好几个层次，一知半解、半生不熟或者熟练运用等。如果

没有达到灵活运用的层次，遇到一些陌生的题目就会束手无策。当男孩遇到题目处于这种状态的时候，需要继续努力。多做题，既能巩固所学知识点，又能熟悉题目类型，至于做题的数量，至少吃透一本习题集。掌握了知识的内涵和外延，在解题过程中熟练运用已学知识，构思成解题的思路和方法。在平时男孩要多积累不同类型题目的解题经验，才能在考试中提高解题效率和准确性，从而得心应手。

表达能力强，学习效率高

张品说，以前看身边的男孩说话时妙语连珠，他有些不屑，认为耍嘴皮子有失深沉，男生学好文化，善于钻研，能干实事，才有魅力。他不屑于做个特能说话的男生，宁愿做个闷葫芦。

可是最近发生的一件事，让张品很彷徨。

学生会主席换届，要竞选。候选人是各班的班长。张品已经连任了好几届的学生会主席，可是这一届杀出了一匹"黑马"：同年级，邻班，成绩还可以，特能侃，工作能力也行。竞选大会上，他妙语连珠，引经据典，虽然"黑马"没有把张品从学生会主席的位置上拉下来，但老师和同学都对他赞赏有加。要不是自己学习成绩比他优异，这次说不定就被替换了。

这次竞选的经历，使得张品开始重视自己的语言表达能力了。

男孩语言表达能力差可能拖后腿

语言表达能力很重要吗？古今中外都有过表述。刘勰在《文心雕龙》中写道："一人之辩，重于九鼎之宝；三寸之舌，强于百万之师。"

俄国讽刺小说家克雷洛夫说："语言就像一把剃刀，最锋利的剃刀会帮你把脸刮得最干净，不过，你必须做到灵活地运用这把剃刀。"

曾任哈佛大学校长的伊勒特说过："在造就一个'上流人'的教育中有一种训练是必不可少的，那就是优美而文雅的谈吐。"这里的"谈吐"指的就是一个人的语言表达能力。

语言是一种社会现象，语言表达能力是指在口头语言中运用字、词、句、段的能力。口头语言包括对话语言和独白语言。对话语言是最基本的语言形式，是独白语言和书面语言发展的基础。

即使很简单的一句话说出口，都需要首先确定要表达的思想，然后运用句法规则将思想转换成语言的形式，最后将语言形式的信息输出。

人们在日常生活、学习和工作中，在感知、记忆、思考时，都离不开语言。学习的时候，不能理解文章的意思，就获得不了知识。与人沟通时，理解不了对方说的话，就无法应答，影响人际关系。自己或者他人心情沮丧时，说一些鼓励的话语可以改变情绪，让学习和工作照常进行。所有这些，都需要语言来完成。语言表达能力越强，语言的功能发挥得越好，生活、事业、学习、人际交往越顺利。

人们理解语言的过程就是对语言材料进行加工，并在头脑中主动、积极地建构意义的过程。理解语言不仅依赖于对语言材料的正确感知，而且还依赖于人们已有的认知结构和各种形式的知识经验。这就需要男孩不断地以各种方式学习各方面的知识，提升感知、想象、思维能力，不断丰富知识经验、文化底蕴，才能听懂别人说的话。

多说多读多写，提升语言表达能力

当一个人具备了基本的表达能力后，说话看起来不那么难，但是要想说得精彩、贴切，就需要下一些功夫。

1. 多读书

读书的过程是理解别人的语言的过程，多读书、坚持写作可以丰富词汇，发展思维，促进语言的内化，提升理解能力和运用能力。在校园学习过程中，无论文科理科，要求背诵的内容一丝不苟地记住后，就储存在了大脑里，运用几次后就内化成自己的语言了。

2. 多写作

写作是表达思想的过程，写得怎么样体现了一个人的书面表达能力。要想表达得好有三点必不可少，一是运用语言的能力，二是感知世界的能力，三是有足够的知识储备。多写作可以帮助完善这三方面的能力。

读书过程中可以写读书笔记、摘录佳句，养成勤动笔的习惯，把日常的观察、心得以各种形式记录在博客里，过一段时间看一看，重新改一改，这个思维加工和整理的过程特别能够提高写作技巧。

3. 多说

说的形式很多，包括与人面对面地交流、参加演讲比赛、学生辩论赛、朗读课文、上课回答问题等，都能锻炼口头表达能力。

第4章
青春期男孩深学派

——杜绝"一知半解"，把知识学透

认真是任何事情成功的最基本前提，如果没有认真的态度，就不会有坚定的目标和全心全意的努力，成功也只能是镜中花水中月了。在学习上的浮光掠影、浅尝辄止满足不了大脑深耕的需要，更无法掌握所学知识，所以，男孩要学会"深学"。

大脑需要深耕

李敏平背了快一个小时，"臣本布衣，躬耕于南阳，苟全性命于乱世，不求闻达于诸侯。先帝不以臣卑鄙，猥自枉屈，三顾臣于草庐之中，咨臣以当世之事，由是感激，遂许先帝以驱驰。"闭上眼，默背一下，总算记住了。

第二天，有同学说，我给你出道填空题："先帝不以臣卑鄙，_____，三顾臣于草庐之中，_____，由是感激，_____。"李敏平看了又看，却写不出来。

李敏平纳闷，我明明背会了啊？同桌说，那你先给我解释解释这段话的意思吧！李敏平解释不出来。同学说，你没有理解，就算当时记住了，过后也容易忘。

知识的深层加工需要认真的态度

物理学家丁肇中说："一个人在打根基的时候要有思考的习惯，自小学而不思难免流于轻浮。"要想深入掌握知识，就必须坚持思考。思考的过程，就是分析、综合、比较、抽象、概括、分类、归纳、演绎的过程。把知识系统化的过程，就是一个思考的过程。

有个词叫浅尝辄止，意思是做事情不深入研究，略微尝试一下就停了下来。如果一个人在学习上总是浅尝辄止，会怎么样呢？一定是难以学好。学习是因经验引起的，是以心理变化适应环境变化的过程，结果是引起行为或行为潜能的改变。对于一个总是浅尝辄止的人，他的经验不足，引起的心理变化也不会很深刻，自然难以适应环境变化，所以，学到的东西就很少。而学习是一件多多益善的事情，一个人学到的知识越多，学习动机越强，就越擅长学习。

心理学研究显示，不同个体在学习情境中加工信息的倾向不同，会出现深层加工与浅层加工的差异。采用浅层加工方式的学生看重的是记住学习材料，而非理解学习的内容。这些学生倾向于从一些外在的动机因素得到激励，如奖励、分数、外在标准、他人的积极评价等。很显然，这类学生是学给别人看的，失去了关注，便没有了学习的动力，难免糊弄、对付。

采用深层加工方式的个体，则将学习活动看作是一种理解基本概念或意义的方法。这些学生倾向于为了获得知识而学习，较少考虑到别人怎样评价他们的学习表现。所以，他们学习的时候心无旁骛，就是为了学会。这样的人把学习当成非常重要的事情，他们向着一切未知的领域进发，想尽办法把未知变成已知，如果不是这样，他们便觉得自己做得不够好，就会自责，就会想办法提高学习效率。

凡是学习认真的学生，他们都是抱着为自己学习的态度，所以，他们能够做到对知识进行深层加工，从而能够深刻理解，活学活用。

对所学知识进行深层加工

人的大脑具有可塑性，在男孩学习的过程中，由于深加工促进了大脑神经突触间连接强度的改变，大脑就会变得聪明，理解力、分析能力、记忆能力等都会提升。所以，鼓励男孩对所学知识进行深加工，这才是高效的学习方法。

1. 以掌握为目标，心无旁骛

古人云："书读千遍，其义自见。"明末顾炎武，每年用九个月读新书，三个月读已读过的书。我国著名科学家茅以升，记忆力惊人的经验是"重复、重复、再重复"。重复几遍，不仅能加深对书本知识的理解，还能增强记忆。

研究显示，学习情境会鼓励学生进行深层或浅层加工。有学习氛围的环境，能够促使孩子多钻研。相反，在一个没有书香的环境中，学生难免心猿意马，难以静心学习。

我国明末清初文学家叶奕绳记忆力极差，读书时往往前读后忘。他没有因天资不足而沉沦，而是发奋刻苦，想出"笨鸟先飞"的办法。每读一本书，凡是他喜欢的篇章、段落、格言和警句，就抄在纸上，认真读十余遍，再一张张贴在墙上，每日写十来段，休息时就在房间里边走边读墙上的纸片，直至读得烂熟，四壁贴满了，取下收藏，再贴新的。一年以后，积累了3000段精彩文字，数年以后，就很可观了。由于有了丰富的积累，他写起文章来"下笔如有神"，后来成为学识渊博、文采横溢、擅长戏曲的著名文学家。

2.一定要理解，反复理解

理解是记忆的基础，但是，光理解记不住，在要应用的时候也回忆不起来。很多时候，机械记忆必不可少。如果光背诵不理解，知识在大脑里没有与旧有的知识联系起来，不够稳固，很容易遗忘。所以，应该先理解后背诵。

理解的内容更便于记忆，原因在于理解是思维的过程，是把要记忆的内容纳入知识体系的过程。深入理解的过程则可能具有反思的过程，而思维和反思都是脑神经细胞兴奋的过程。由于长久地、反复地思考和反思，促进了大脑神经细胞突触的牢固联系，使记忆痕迹深刻并持久。

男孩在学习的过程中要多分析，多综合。分析和综合是重要的思维方式，有助于理解。所谓分析，就是在头脑中把事物的整体分解为部分，或把整体的个别特征、个别方面分解出来。所谓综合，是指在头脑中把事物的各部分结合起来，或者把事物的各个特征联系起来。在分析综合的过程中，理解就更深刻了。

做题是应用所学知识的很好的方法。做题前，先要熟记所学知识，确保准确掌握，然后应用所掌握的知识解决问题。当对公式、定理记忆不准确的时候，就翻翻书，好好理解理解。在这个过程中，促进了对知识的理解，巩固、深化了记忆。

男孩，试着认真一下

杨斌是一名高一学生，在同学眼里，他就是一学霸，为学习而生，特爱学习，成绩一直排在班级前几名。

杨斌也奇怪，他一学习起来就不知道累。别的同学上网玩游戏会感觉特爽，自己呢，玩游戏超过一小时就头晕。而自己学习起来，几个小时也不累，一天不做题浑身不自在。

有一次，杨斌不小心患了感冒，鼻涕流个不停。妈妈心疼儿子，让他请假休息一天。他说，上学反倒容易好起来。果然，在学校坚持了一天，到了晚上，感冒基本好利索了。杨斌说，物理课上，他头晕得很，很想睡，老师喊他起来回答问题，他有点儿难受，但还是非常认真地讲述了思路，回答完出了一身汗，浑身轻松起来，感冒竟然好了。

妈妈听了，说："看来认真学习能够给你带来好运。你外婆80多岁仍然每天劳作，一不工作就身体乏力、胸闷气短，只要一工作身体就有劲，开心得不得了。看来，认真做事能够带来意想不到的福报！"

认真的"蝴蝶效应"

1979年12月，洛伦兹在华盛顿的美国科学促进会的一次讲演中提出：一只蝴蝶在巴西扇动翅膀，有可能会在美国的得克萨斯引起一场龙卷风。他的演讲和结论给人们留下了极其深刻的印象。从此以后，所谓"蝴蝶效应"之说就不胫而走，声名远扬了。

混沌理论认为在混沌系统中，初始条件的十分微小的变化经过不断放大，对其未来状态会造成极其巨大的影响。我们可以用在西方流传的一首民谣对此做形象的说明。这首民谣说："丢失一个钉子，坏了一只蹄铁；坏了一只蹄铁，折了一匹战马；折了一匹战马，伤了一位骑士；伤了一位骑士，输了一场战斗；输了一场战斗，亡了一个帝国。"马蹄铁上一个钉子是否会丢失，本是初始条件的十分微小的变化，但其长期效应却是一个帝国存与亡的根本差别。

一提起德国，人们的印象一定是人们做事认真、靠谱，产品质量好，值得信赖。德国人的认真，也是从一件件小事开始被认可的。

青岛原德国租界区的下水道是德国人当年留下的工程，在高效率地使用了100余年后，一些零件老化了需要更换，但是当年的公司早已不复存在。城建公司的员工开始四处寻觅配件公司，后来一家德国的相关企业给他们发来一封电子邮件，说根据德国企业的施工标准，在老化零件周边3米以内的范围，应该可以找到存放备件的小仓库。城建公司根据这个提示，在下水道里找到了小仓库，里面全是用油布包好的备件，熠熠生辉……

跟德国人打过交道的人都知道，他们许诺很慢，一旦做出决定就会不折不扣地履行。

德国人留给世人的印象就是严谨、认真、诚信、值得信赖，这些美丽的字眼就是通过他们认真做事体现出来的，这就是认真的"蝴蝶效应"。如果男孩学会认真学习、认真做事，那么，认真的蝴蝶效应会使得男孩成为一个了不起的人。

自我监督，做个认真的人

男孩是否具有认真的品质，决定了他们未来的成就。对于当下的男孩来讲，学会认真做事是很关键的成长内容，也是一个重要考验。中学生已经具备了一定的自制力，只要自我监督，一定能够成为一个做事认真的人。

1. 行动之前，告诉自己认真

男孩既然已经懂得认真做事会给自己带来莫大的好处，那么，就在做事之前告诉自己认真做，不着急、不马虎。

冲动型认知风格的人面对问题的时候总是急于求成，不能全面细致地分析问题的各种可能性，不管正确与否就急于表达出来、做出来。如果男孩属于这种类型，做事之前更要告诉自己，认真想一想，然后再行动。

2. 重视每一件事

不管什么事情，只要决定去做了，那么这件事对自己来讲就是一件重要的事情。在做之前，搞明白自己是否能够做好，如果不能，那么就先做一些准备工作；如果能，就仔仔细细一丝不苟地完成，而不是糊弄了事。

学习要杜绝一错再错

月考结束后，老师非常生气，有一道题是课本上课后作业的原题，早就做过了，居然很多同学都做错了。老师很无奈地重新讲解了这道题。这个时候，无意中听到一个学生小声嘀咕："这个题我原来错过。"这么一句话，引起了老师的注意，他问同学们："这道题这次都谁做错了？"有将近一半的同学举手。他接着又问："翻开作业本看看，以前做题的时候，你做错没有？两次都做错的同学举手！"举手的同学还是那么多。

为什么错过的题还错

学习过程中，很多孩子都有这样的体会，有的题目以前错过，改正了，以后再次遇到，很顺利地写出来了，却写错了。或者，以前不会的题目，认真做过，理解了，再次遇到的时候还是不会。

错过的题目为啥还会再错呢？主要原因有以下几个：

1. 没有真正理解掌握知识点

有的男孩错了之后，看两眼知道错了，老师讲过，知道怎么做了，就放一边不管了。即使错了之后改正了，理解了正确的做法，当时只是短时记忆，过一段时间，没有通过复习转化成长时记忆，就遗忘了。对个体来讲，有没有掌握住，是个未知数。等再次面对这道题的时候，就很容易再次出错了。

2. 低估了错误原因

任何一道题做错都有原因，比如，读题不准确、看错数据、运算水平差、没能准确理解题意等，不管哪个原因都不是小事情，男孩需要细心钻研，才能改正。男孩认识不到这一点，错了就跟着老师的讲解改成正确的做法，而不细究错误原因，结果呢？这道题做对了，下一道类似的题目出现时还是会出错。

3. 对"易错题"掉以轻心

如果男孩足够细心，会发现有的题目读起来并不深奥，很容易下手，但是一不小心就会做错，这样的题目称为易错题。如果男孩不具备完善的知识储备和严谨解题的素养，就容易中了出题者的圈套。

学习中的错误暴露了男孩在学习中存在的问题，需要及时改正，才能做到一次错了，以后不再错；一道题错了，类似题目不犯同类错误。

争取做到：错过一次，再也不错

错误是个提醒，提示男孩还没有掌握这部分知识，还经不起考验。有了错题不能只重视纠正答案，还要注重查找错误原因。这样才能真正做到一次错了，再也不错。

1. 做错了，先搞清为什么错

做错题目了，搞清楚为什么错，才能做到真正会做，再不出错。比如，再次做题，还出错，而且犯的是和上次相同的错误，那么，就是没有掌握好知识。这时，男孩需要沉下心来，耐心把这部分知识学会，然后多做几次练习，直到做对。

但这并不等于百分之百记住了，还要按照先快后慢的规律复习几次，反复做几次题目。

如果错误原因是混淆了概念，那么，在复习以前知识的基础上，还要找到新知识和旧体系的区别和联系，以及以前知识在新体系中的变化。

如果因为没有正确理解题目而出错，那么，就要在理解能力上下功夫，多做类似题目，多背诵概念，多读课本。

2. 开小灶，预防类似错误发生

如果哪道题目做错了，有了正确答案后，先好好理解，搞明白以后，在一段时间内，反复复习几次。复习的时候，不但要明白错误发生的原因，还要写出正确答案。记住了以后，寻找类似题目来练习，能够准确做出来，才能避免类似错误发生。

3. 建立并用好错题本

很多男孩都有错题本，虽然错题都被集中起来了，但是对错题的改正效果并不理想。这是因为不知道怎么使用错题本。

错题本上的内容要清晰明了，建立错题集要分章节，做到有条有理。把同一章节的错题归到一起，有利于在一章一节结束后的复习。先把错题抄下来，写明这道题是哪章哪节的课后习题或者哪个单元测试题，标明错误的原因后，在旁边写出正确的答案。

时间长了，错题越来越多，错误的原因很多，可以做一个横向的比较，在错误类似的题目那里做一下标注。比如，在第 39 题的边上写上第 120 题，在第 120 题的边上写上第 39 题。

有些知识点会反复出现，或者在很多题目中都有涉及，比较同一个知识点在不同题目、不同时期的应用，改正起来更有针对性。有些题目已经真正地掌握不会再犯错，这时应该删除。也就是错题本应该从薄到厚再从厚到薄，这样就不会产生复习中知识点的重复，浪费时间和精力。

每个学生都要防备马虎、粗心大意

一次数学测验，穆穆把"立方"看成了"平方"，白白丢掉 10 分。父母批评他，他非但没有认识到自己的错误，反而不服气地说："这道题很简单，我会写，不就是不小心看错了一个字吗？会了就行了呗。下次注意不看错，就能拿分了。"

妈妈想惩罚一下这个臭小子，让他吃吃马虎的苦头。机会来了！那次，穆穆想买一个移动硬盘，妈妈故意少给他 100 元，穆穆兴冲冲地去了商场。到了那里发现钱不够，就折回来了。一进家门就冲妈妈大喊："少给我钱了！"

妈妈不动声色，问他："少给多少？"穆穆说："1 张！害得我还得返回来一次！"妈妈笑了："这回你知道马虎要吃苦头了吧！"

马虎是认真的天敌，连学霸都害怕

谁都知道，做事情粗心大意、马马虎虎是个不良习惯。在学习上，马虎会导致耗费学习时间，干扰学习思路，降低学习成绩。最要命的是，改正起来还不容易。

有一名学霸，曾经很马虎，谈起战胜马虎的方法，特别有心得。每次看着试卷，"那些题目明明会做，却一不留神丢了分，实在可惜"。这名学霸痛下决心，一定要改掉马虎的毛病。具体方法是每天坚持做 15 道简单的小题目，然后看自己的准确率，坚持了一段时间，就很少在小题目上出错了。

由此看来，只要找到导致马虎的原因，并下定决心避免马虎，就能改掉这个毛病。

力求认真，避免马虎

男孩要想不因为马虎影响学习，就要把马虎当个事儿，早防备。一旦马虎了，就努力克服。

1. 知识掌握得更牢固一些

在学习过程中，如果出现写错字，应该相加却相减，把今天看成明天，用错定理、公式，混淆了词语的意思等错误，很多人会拍一下头，感叹自己又马虎了。与不会做相比，马虎好像不是大事，是低级错误，以后认真点儿就好了。

事情没有想象的这么简单！因为没有一个马虎的学生是想认真就能认真起来的。很多学生习惯于把做错了简单题目归结于马虎导致的。其实，这些都是没有真正掌握住知识的表现。觉得会做却错了、自我感觉会做却想不起来，都不是马虎的表现，是知识掌握得不牢固、不能熟练运用导致的。

男孩把学过的知识点踏踏实实地掌握住，多练习、多思考，不糊弄，不存侥幸心理，就能避免马虎。

2. 养成认真做事的习惯

一个做事认真、严谨、有高度责任感的人，很少犯马虎的错误。毛泽东说："世界上怕就怕认真二字。"从日常行为的一点一滴开始，认真对待，有了马虎、糊弄的倾向，立刻提示自己这么做是害自己。逐渐地，就会养成认真做事的好习惯。

3. 不要害怕马虎

有的男孩马虎过几次后，就害怕了，觉得自己就是个马虎的人。于是，一考试就担心，担心自己哪里马虎了。被这样的焦虑情绪左右，会大大影响考场发挥。

男孩千万不要给自己贴上马虎的标签，更不要认定自己就是个马虎的人了。这样的消极心理暗示会在心中留下难以摆脱的阴影，导致越来越马虎。积极努力，把因为马虎做错的题目改正过来，牢牢记住，然后正确地解答出来，这件事就过去了。

检查是个提升的过程

数学期中考试，张超答得很顺利。一道接一道，都没有卡壳过。

答完题目，张超开始检查，才发现有一道题与课本上的不一样，而自己就当成课本上的原题解答的，张超意识到解答有误，赶快整理思路，在草稿纸上重新做了一遍，确认无误，便写上了正确的答案。

考完试，大家一起讨论这道题的时候，很多同学瞪大了眼睛，他们也误以为是课本上的题目，就直接写答案了。有的同学甚至说："哎，我还以为是课本上的题目，心里有数，就没检查！"

检查是最好的完善方法

1952 年的一天，诗人艾青拜访已是 88 岁高龄的齐白石。艾青还带来了一幅画，请他鉴别真伪，齐白石拿出放大镜，仔细看了看，对艾青说："我用刚创作好的两幅画跟你换这幅，行吗？"艾青听后，赶紧收起这幅画，笑笑应道："您就是拿 20 幅，我也不跟您换。"齐白石见换画无望，不禁叹了一口气："我年轻时画画多认真啊，现在退步了。"原来，这幅画是齐白石数十年前的作品。艾青走后，齐白石一直愁眉不展。一天夜里，儿子半夜醒来，发现书房里的灯亮着，走近一看，父亲正坐在书桌前，一笔一画地描红。儿子不解，便问道："怎会突然想起来要描红？"齐白石不紧不慢地答道："现在我的声望高，很多人觉得我随便抹一笔都是好的，我也被这些赞誉弄得有些飘飘然了，无形之中放松了对自己的要求。直到前几天，我看见年轻时画的一幅画才猛然惊醒，我不能再被外界的那些不实之词蒙蔽了，所以还要重新认真练习。"

回望来时走过的路，本身就是一种认真做人、做事的态度，能够让今天的自己走得更稳当。

不管是做作业还是考试，很难做到一遍就做对，或者一次就做得特别完美。再来一遍，检查一下，就能发现错误、漏洞、笔误的地方，耐心读题，然后把需要补充的地方补充完整，需要完善的地方细心完善，出错的地方纠正一下。

写完作业或者答完试卷后，如果还有时间，就要认真检查。检查是对已经完成的任务的查看，是重新再来一遍。通过检查可以发现错误，挽回损失，提高成功率。

检查除了可以完善当下的学习任务，还能复习、巩固、深入理解所用到的知识，找到更恰当的解题方法。一个能够耐心检查的学生，会形成认真、仔细的学习习惯。

掌握一些基本的检查方法

从头到尾把试卷检查一遍，就是为了纠错，发现遗漏，及时改正。检查的习惯是从做作业开始培养的，一个能够主动检查作业的孩子，懂得检查的重要性，即使在考试的时候，也很重视检查，会在答题的时候就留意哪道题做得不够理想，等答完重点检查。

1. 拾漏补遗

检查的时候，要找出漏掉的题目，字迹不清、填涂不清或错误的地方。

丢题是考试时常有的事情。一紧张、一走神就可能丢掉某道题。一着急，就可能字迹不清楚。为了防止丢题，答完试卷后，第一件事情就是看答题卡，有没有漏答或者答串的情况。

2. 重新审题

答题从审题开始，检查的时候，一定要把以前的审题清零，重新审一遍题。看看是否正确领会了题意，是否看错了条件，是否看错了问题。如果有，及时改正。

3. 检查答题情况

在考试中，因为情绪波动可能导致思维混沌，反映在答题中，可能是词不达意、语句不通顺，重复啰唆，甚至有的地方不能自圆其说，前后矛盾。整张试卷答完后，脑子变得更加冷静，认真梳理、修正后，就可以解决了。

在检查概念题时，主要看所答内容是否足够准确和全面，有没有笔误。

在检查简答题或论述题时，除了重新审题外，还要对整个答题的思路、论证的过程、展开的层次、所答内容等进行系统的检查，看看它们是否有漏洞或不足，及时加以调整与补充。

在检查计算题时，先看有没有写错数字，计算中有没有算错。最简便的方法是把结果代入题目中，看是否吻合。

4. 对照草稿纸

做题时会在草稿纸上验算，验算的字迹尽量清楚，一旦检查的时候得出的结果和第一遍的结果不一样，可以对照草稿纸，细细查找问题出在哪里。拿不准的题，在草稿上标明，以备答完整张试卷后再重新做一遍。

5. 冷静检查

检查的时候，男孩要冷静、清醒，像做题一样仔细，不要觉得答得不错就一带而过。发现疑点时要稳住，等确认后再改正。不能慌慌张张地把对的也看成错的，急急忙忙修改，一旦改错了，会把卷面涂乱，就没地方写正确的了。

写过的作业，再做一定会吗

明生做题的时候，手边放着答案，只要一不会做，就迫不及待地翻看答案。一下子恍然大悟，写完了，感觉很简单。过几天再做这道题，还是无从下手。

为什么出现这种情况呢？看答案时觉得题目很简单，只是没有好好思考，看过了就会了，于是，就认为把题目已经理解透了。其实，当时只是看明白了解题过程，并没有真正看透解题思路，更不知道面对这样的题目如何思考。

当男孩反复这样，就会陷入"一看就会，一做就错"的困境，很难突破当下的状态。

作业写上了，不等于掌握住了

写作业可以检查对知识的掌握情况。一堂课下来，老师所讲内容，有没有搞懂，是不是记住，会不会应用，应用能力有多强，通过写作业可以检查出来。写出来了，写不对，不等于掌握住了。

很多学生都有过这样的体会，觉得某个知识点记得很牢固，觉得自己懂了，就放下了，不再做题了。考试的时候，却拿不准了，甚至不会做。比如，在数学学习中，有一些概念、公式很相似，虽然记得很清楚，但是如果不应用，在做题的时候就会混淆。

之所以会出现以上情况，从认知的角度来分析，在记忆的过程中，所记忆的内容没有准确地转化成长时记忆，导致了记忆内容的混淆。如果在做作业的时候足够用功，看清了概念、公式间的差异，细细区分清楚，考试的时候就不会混淆。

课堂学习后，只是初步掌握了当堂课所讲内容，这时的记忆只有部分转化成长时记忆，转化成长时记忆的部分因为记忆不够熟练也会出现回忆的时候提取不出来的情况。所以，即使作业写得很顺利，隔一段时间，再次面对相同题目的时候，也可能不会。

牢固掌握住已经写过的作业

要想写过的作业再次写的时候还能够准确地做出来，需要从以下几个方面努力：

1. 及时复习作业

很多同学懂得学过的知识要及时复习才不会忘记，为此，他们经常复习公式、定理、概念等。其实，做过的题也需要复习，不然就忘记了。男孩如果定期复习做过的作业，再次做的时候就不会忘记了。

2. 写作业时，试着一题多解

记住作业结果不如记住知识点和解题方法。为了提升解题能力，在做题时男孩要积极主动地去寻求最好的解题思路，从不同角度进行分析，使得思维更加开阔。

很多考察一个知识点的不同题目，都是做了形式上的变换，而题目的主干大同小异。所以，以多种方法解答一道题，达到了做几道题的锻炼效果，特别能提高做题能力和学习效率。

一题多解不仅能使学生更牢固地掌握和运用所学知识，而且在分析比较的过程中能够锻炼学生的创造性思维能力，增强了运用知识的能力。对于做过的题目，即使忘记了当时怎么解答的，也能当作新题来解答。

3. 做完课后作业多思考

写作业是应用所学定理、公式、语法等知识来解决实际问题。写好作业的前提是，理解相关的概念，掌握住相关的公式、定理。写作业的过程也是温习、巩固、加深理解相关概念、定理、公式的过程。

做完作业后，耐心地看看做过的题目，引申思考一下：做这道题目用了哪些概念、定理、公式，这道题和哪一个章节的例题有关系，是否是该例题的变形，把例题做了什么样的变化，如果再变化一下会变成什么样的题目。这个思考过程，不但有利于掌握所做的题目，还能促进对相关知识的理解和掌握。

第 5 章
青春期男孩主动派

——高品质学习，全速精进

　　良好的学习品质是有效学习行为的保障，也是主动学习的结果，两者互相成就，男孩会因为努力、负责、自觉、谦虚等品质而更能驾驭学习，主动性更强。

拥有很强的求知欲望

德国物理学家普朗克从小就有强烈的求知欲。那是一个雪天，他来到窗前，发现窗玻璃上结满了冰花。有的像小草，有的像小树，有的像小狗，还有的像大胡子的圣诞老人……千姿百态、栩栩如生，把小普朗克给惊呆了。

这么美丽的图案是谁画的呢？小普朗克自问。他默默地思考了许久，还是找不到答案。父亲发现了小普朗克好像有心事，就问儿子怎么了。小普朗克说："我发现窗玻璃上有很多漂亮的窗花，是谁画的呢？"父亲告诉儿子："这是一种很常见的物理现象。你好好读读这本书，就会懂了。"

普朗克的求知欲被激发出来了，他迷上了物理学，越学越来劲。他觉得各种各样的物理现象太神奇了，为了解开其中的奥秘，他不断地努力学习，废寝忘食。长大后，成了一名为人类做出卓越贡献的物理学家。

求知欲强，学习更主动

求知欲强的孩子有强烈的学习需要，如果不学习，他们就觉得自己的生活没有意义。如果没有掌握所学知识，他们会吃不下饭、睡不着觉，千方百计把所学知识掌握住。

古代有"头悬梁锥刺股""凿壁偷光""囊萤映雪"，强烈的求知欲督促着他们忍受常人不能忍受的痛苦，克服困难坚持学习。

当人的求知欲获得满足后，就能获得更多的知识。

苏步青是我国著名的数学家，曾任复旦大学校长。小的时候，他虽然很想读书，但是家里没有条件让他读书，他每天要放牛、割草、犁田，什么都干。

恰好，村里一户有钱人家请了家庭教师给他们的孩子上课。苏步青有空就去窗外听听，随手写写画画。后来，叔叔资助他去百里之外的一所小学读书。由于基础薄弱，第一个学期苏步青考了倒数第一名，他发奋图强，抓紧一切时间读书，从第二学期起一直到大学毕业，他每学期都考第一。

让求知欲像小·草一样蓬勃发展

男生的求知欲越强，越能积极主动地学习，就像不吃饭就会觉得饿一样，不学习内心就不能满足，精神就空虚。那么，怎么才能做到求知欲越来越强呢？

1. 中学阶段的学习影响一生

勤于学习可以让自己不落伍。知识经济时代，再也没有什么比知识创新更能推动社会进步、改变自己前程的了。要想不落伍，只有勤奋学习。较之一生的学习来讲，中学阶段是学习的黄金时期，这个阶段学得怎么样直接关系着以后学什么、怎么学、学得怎么样。

2. 用考试成绩督促自己

中学阶段考试比较多，考不好，就意味着某些知识点没有学会。命令自己把做错的题目或者不会做的题目弄会，下次考试的时候考个好成绩。

3. 用父母的养育之恩自我激励

孩子小的时候，父母的爱是孩子生存下去的有力支撑。孩子逐渐长大后，目睹了父母养家的辛苦，会萌发对父母的感恩之情，想着回报父母，等自己长大后多赚钱让父母过上好日子，就会努力学习。不断地用父母的养育之恩自我激励，求知欲望会更加强烈。

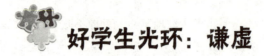

好学生光环：谦虚

在放学的路上，清清对田田说："我觉得我是咱们班最优秀的学生！我不仅学习好，而且体育、音乐都不错，是不是，田田？"

田田当然明白清清这么说的原因，因为清清刚刚在数学比赛中取得了第一名。但是田田觉得，班上数学成绩好的可不止清清一个。更何况清清的英语成绩每次都不如自己，炫耀什么劲儿呀？

见田田反应淡淡，清清觉得田田可能是羡慕自己，就说："田田，数学其实很容易学呀。"

田田生气了，说："别忘了，我已经取得了三次数学比赛的第一名，你只取得了这一次！"

清清说："你觉得我不如你吗？你的第一名是过去时，现在我是第一名！"

田田听了清清的话，很生气，扭头不理清清了。两个好朋友从那以后再也没有一起玩过。

像清清这样的孩子，只取得了一次第一名就觉得自己很了不起，就瞧不起别人，是不会获得长足进步的。

谦虚的心态能够促进学习

随着自我意识的不断发展，青春期的孩子会加强对自身的认识，也很在意自己是什么样的人，并努力去成为自己想成为、能够成为的那个人，达到个体内部状态和外部环境整合的协调一致。所以，外部环境要求孩子谦虚好学，他们自己也认为谦虚好学很好，那么，就会努力朝着这个目标前进。

著名教育家谢觉哉说："一知半解的人，多不谦虚；见多识广有本领的人，一定谦虚。"为什么见多识广的人更谦虚呢？人的一生仿佛在画圈，圈内是已知的知识，圈外是未知的世界。知识越多圆圈越大，圆周也越长，其边缘与未知世界的接触面越大，未知的部分也就越多。男孩越善于学习，成绩越好，越能感受到自身的不足。一旦全身心投入到学习中，便不觉得累了。

所以，男孩要想学有所成，拥有学习的热情，必须谦虚。谦虚，指虚心，不夸大自己的能力或价值；没有虚夸或自负；不鲁莽或不一意孤行。具有了谦虚的品质，就能看清自己，踏踏实实学习和做事。

谦虚的人眼光更开阔，能看到自己的不足，使自己不断进步；骄傲的人反倒没有知识，也看不到别人的长处，所以会落后。

富兰克林被称为美国之父。在谈起成功之道时，他说这一切源于一次拜访。在他年轻的时候，一位老前辈请他到一座低矮的小茅屋中见面。富兰克林来了，他挺起胸膛，大步流星，一进门，"砰"的一声，额头重重地撞在门框上，顿时肿了起来，疼得他哭笑不得。老前辈看到他这副样子，笑了笑说："很疼吧？你知道吗？这是你今天最大的收获。一个人要想洞察世事，练达人情，就必须时刻记住低头。"

富兰克林把这次拜访当成一次悟道，他牢牢记住了老前辈的教导，把谦虚列为他一生的生活准则。

男孩也一样，日常生活中要谨言慎行，对自己有个正确的评估，知道人外有人天外有天，保持不断进步的心态，就不会妄自尊大，也不会妄自菲薄。

以谦虚的心态对待学习

男孩要有谦虚的品质并不是很难，好行为促成好品质。那么，男孩该怎么做才会有好品质呢？

1. 男孩要认清：自己不是焦点

青春期男孩总是觉得自己被他人注意、觉察，仿佛身边的人都在关注自己一样。于是，他们很在意自己的穿着打扮、自己的行为举止，恨不得把头发吹得一根一根地直立起来，为的就是让别人觉得自己酷酷的。当考试分数不够理想的时候，甚至都不敢出门，这就是青春期孩子的心理特点，觉得自己是焦点。如果男孩陷入这种情绪里不能自拔，难免务虚不务实，虚荣是显摆、撒谎、吹牛、炫耀的根源。所以，男孩一定要记得，自己不是焦点，每个人都在忙自己的事情，没有人在仰望并注视着自己。

2. 正确地看待别人

青春期的孩子更需要伙伴，他们对同伴的依恋超过对成人。和朋友在一起的时候，男孩要记得，三人行必有我师。同伴们都有自己的才艺，多找找他们身上的优点，激发自己向别人学习的热情。这样，眼里有别人，即使自己确实有很多优势，也会保持向他人学习的心态，也不会自视过高而对别人构成压力。

3. 听取同学、老师的意见

自己学习上的不足，老师、同学提出来，不要认为是对自己的否定，或者踩踏自己，要向对方表示感谢："谢谢您，给我指出来，我会好好研究一下！"养成了这样的谦虚的习惯，必然会成就海纳百川的心胸。

4. 多读书

俗话说，读万卷书，行万里路。男孩心中的世界越广阔，他们了解的社会越丰富，由此，他们越能知道自己的渺小，世界的博大。

书籍是知识的海洋，孩子在书中会遇到或者创造一个更加广博的未知的世界，此时，他们只有追寻和探索，哪里会自我欣赏呢？

# 如何才能做到自觉学习

陈强读初一，脑子特灵，但是成绩却不好，老师评价他——贪玩。课堂上陈强东张西望，从来不主动回答问题，自习课上画够了画儿才开始写作业。如果老师不在，还偷偷玩会儿手机。在家里，就更不用说了，看电视、玩游戏，怎么也得折腾一个小时才能坐到书桌前。如果父母监督，他勉强坐在书桌前，不想写字，就在手里转铅笔。

这是一个玩心很重的孩子，这样的孩子学习自觉性不高，浪费了宝贵的时间，学习效率不高。

学习需要自觉

男孩好动、好玩，虽然认识到学习很重要，也想好好学习获得好成绩，但是，到了学习的时候却控制不住自己了。

曾经有个男生这样形容自己："一见到足球，脚就痒痒了。电话一响，就冲出家门了，警告自己玩一会儿就回家。一上场，就刹不住脚了。踢完上半场，踢下半场，分不出胜负还得踢加时赛。等回到家里，已经累得浑身没劲儿，只想睡觉了。"

为什么会这样呢？因为太热爱踢足球，却从没想过要控制踢足球的时间，不能耽误学习，所以，自觉性差。自觉性是指个体自觉自愿地执行或追求整体长远目标任务的程度，其外在表现为热情、兴趣等，内在表现为责任心、职责意识等。

导致中学生自觉性差的因素很多，最常见的就是贪玩，玩惯了，没有感受过学习的乐趣，对学习缺乏热情；如果男孩对学习不够重视，就不愿意积极主动地学习，遇到困难轻易就放弃了；不要强，过一天是一天，至于未来怎么样，无所谓，在这样的心理状态下，难以全力以赴地学习；家庭条件好，父母溺爱，独立性差。

中学课程很紧，需要高效学习才能完成学习任务，所以，不管哪种原因导致男孩在学习上自觉性差，都要及早改变。

提升自觉性三大关键点

男孩要想约束自己，主动学习，可以从三方面入手，来提升自己的自觉性。

1. 想办法对学习感兴趣

孔子曰："知之者不如好之者，好之者不如乐知者。"男孩要想办法让自己对学习产生兴趣，这样，学习的自觉性就会大大提升。

兴趣可以分为个体兴趣和情境兴趣，个体兴趣是特质性的，情境兴趣是状态性的。个体兴趣带来的是持久的动力，但是，情境兴趣虽然是一时的对学习的喜爱，也能产生对学习的推动作用。

兴趣形成一般遵循这样一个过程，情境兴趣被激发—情境兴趣得以保持—产生个体兴趣—形成成熟的个体兴趣。

有个孩子，英语成绩一直不好。他讨厌上英语课，一见到奇形怪状的音标，心里就腻歪，趁老师不注意就偷偷看小说。后来，他结识了一名留学生，在一家跨国公司做工程师，虽然上学学的是理工，但是英语非常好，和外国人交流，从来不用翻译，能阅读原版的英文书籍。初次见面，这个孩子就被对方的气度吸引了，下定决心也做那样的人。于是，他开始用心学习。没想到，最初觉得枯燥乏味的单词、音标、句子，变得有规律，甚至很可爱了。很快，他的外语成绩就提高了。

2. 先把时间给学习：利用锚定效应

在心理学上有个锚定效应，指的是人们在对某人某事做出判断时，易受第一印象或第一信息支配，就像沉入海底的锚一样把人们的思想固定在某处。

如果男孩比较贪玩，就在第一时间告诉自己："写完作业再玩。""明天小测验，先复习好了，再玩游戏。"男孩不断地自我提醒，那么，"先把时间给学习"的想法就被固定住了。

3. 借助习惯的力量，提升自觉性

习惯具有约束的力量。培根说："习惯真是一种顽强而巨大的力量，它可以主宰人的一生。"

男孩要养成按时上学、按时写作业的习惯。养成了好习惯，就无须运用意志来控制自己了。进入中学以后，就不要再依赖父母的提醒，只要制定好作息时间，什么时间学习、什么时间休息，都安排好了，坚持下来，形成习惯，就能自觉学习。

有责任心，不敷衍不糊弄

20 岁的郑忠伟每天早上 5 点起床，然后做饭，下地干活，中午和晚上抽空学习。

郑忠伟一岁的时候父亲去世，从高中起便辍学在家，照顾生活不能自理的母亲和大伯，种地养家。就在这样艰难的条件下，他坚持自学，终于以 572 分的成绩考上了大学。

一个中学生，何以能吃这么大的苦，做得这么出色？郑忠伟说："我考上大学，就想让家人将来能过好。"这是一份对家人、对自己的莫大的责任。

责任心·决定执行力

连续 20 年蝉联美国首富的微软前总裁比尔·盖茨说："人可以不伟大，但不可以没有责任心。"比尔·盖茨从小就很有责任心，做起事情来非常自觉，一丝不苟。

1965 年，盖茨读四年级，他被推荐去西雅图景岭学校图书馆帮忙：把摆错了位置的图书放回原处。得到了这个职位，小盖茨干得非常卖力。不久，盖茨因为搬家得转学，但是他心里仍然担心着那些"站错了队"的图书。耽误了几天后，盖茨来到图书馆欣喜地告诉图书管理员，新学校的图书馆不让学生做图书管理员，妈妈又把他转回这边来上学了，爸爸愿意接送他，如果爸爸不送他，他就走路自己来。

责任心是一个人品格和能力的承载，决定了这个人的执行力度。当一个人能够主动、自觉地为一件事情尽职尽责的时候，就可以获得满意的情感体验，就能不断提升自身能力，让事情向着期待的方向发展，有个圆满的结局。

从做好一件小事起，增强责任感

每个人的责任感天生就有，但是需要在负责的过程中一步步壮大。初学做事的时候，人们还意识不到什么是责任心，但是，有积极做事、想把事情做好的热情，这就是责任感的萌芽。中学阶段，正是呵护这棵嫩苗苗壮成长的关键时期。

1. 负责任并不难

有的孩子觉得负责任很难。其实，负责任一点儿都不难。每天认真完成老师布置的学习任务；无论在家里还是学校里，做事情都要认真负责；犯了错误主动承担责任，对自己行为的后果负责，主动弥补损失；在社会上，自觉遵纪守法，遵守社会公德。

2. 承担不负责任的后果

有个初一的男孩讲过这么一个故事：

他刚刚学会骑自行车的时候很兴奋，总想带个人玩快骑。有一天，他强行把邻居家的小妹妹抱到后座上，要带着她一起骑。没想到后座多了个人，他的车技就吃不消了。在马路上，车子东摇西晃了几下，女孩便摔了下来。男孩丢下哭泣的女孩，自己偷偷跑回了家。谁知，这件事被爸爸看到了，他把男孩从家里拉出来，教训道："你把小妹妹弄哭了，你要负责任，去，看看妹妹有没有受伤！"

女孩胳膊摔破皮了！男孩领着女孩去了医务室。回来后，爸爸从男孩的零花钱里扣除了为女孩治疗伤口的费用，并告诉男孩："祸是你闯的，你要负责！为了惩罚你闯祸后逃跑的不负责任行为，接下来你要负责清洗家里的饮水机，时间是3个月。"

男孩说，当弥补了过失后，他的内心无比舒畅，瞬间觉得自己是一个能够负责任的人。一个人越是负责任，他的内心越安宁、踏实，越能时刻保持警醒。

3. 在家里尽一份责任

如果男孩认识到自己是家里的一分子，不能只享受权利，而要承担一份家庭建设的责任，那么，男孩一定会特别懂事。他们所能做的事情就是好好学习，课余帮父母分担一些家务，家里有事要和家人一起商量对策、努力解决。

4. 犯错误时不找借口

拿破仑·希尔说："找借口解释失败是人类的习惯。这个习惯同人类历史一样源远流长，但对成功却是致命的破坏。"一个经常找借口的人，必然是一个不负责任的人、一个没有勇气的人，这样的人成就不了大事。

找借口是不负责任的表现，只有透过错误现象找到本质，让孩子看清事情的真相，认识到自己的错误，承担自己该承担的责任，才能提升责任意识。与他人发生争执，不要怪罪他人野蛮，而要懂得谦让，如果自己错了，就诚恳地道歉；考试没考好，要积极寻找主观原因，而不是怪罪自己脑子笨。

5. 在学校里给自己寻找一个负责任的位置

一个人所处的位置决定了他的责任心大小，在一个需要承担责任的位置，他自然不能逃避；而一个人万事不用操心、什么都不过脑子，就体会不到自己身上承担的责任，体会不到负责带来的内心满足感，难以建立责任心。

如果男孩有什么特长、爱好、能力，可以在学校里参与学生干部竞选，帮助老师管理班级事务，为同学服务，都有助于男孩发现自我、实现自我、建立责任心。

未来学习不会止于大学

李沛伦是 2011 年四川省的高考状元，如果问起他在学习上为什么会如此成功，老师觉得，他的学习态度非常严谨，从他的解题思路可以看出，他的思维非常清晰，善于自己总结。他的自我修正与自我学习能力很强。

有人曾经研究北京四中的学习模式，发现自学是解决学习成绩问题的重要出路。有的学习成绩好的孩子不上辅导班、不请家教，强迫自己养成自学能力。

互联网时代，需要终身学习

互联网时代，大学没有围墙，未来学习不会止于大学。社会的快速进步，使得终身学习变得前所未有的重要。未来，每一个成年人都是一边谋生一边学习的，不然，就可能找不到适合自己的或者自己喜欢的工作。且不说以后，即使在大学毕业以前，男孩的自学能力都很重要。

美国著名的发明家爱迪生只上了三个月学，就离开学校走上了自学的道路。辍学回到家里，在妈妈的指导下，爱迪生自学了英语、数学、化学、地理、历史等多门课程，11 岁时，他已学到许多学科的知识，还读了牛顿、法拉第等大科学家的著作。他最喜欢化学，把自己积攒的全部零用钱用来买化学参考书和一些实验用的仪器和药品，自己动手做实验。

12 岁时，由于家境贫困，爱迪生不得不去火车上当报童，一边卖报，一边利用空余时间看书和做化学实验。一次，因火车震动太大，引起化学药品着火，车长一怒之下，狠狠打了他一个耳光，致使他右耳永远失去听觉。爱迪生被迫流落他处，继续寻找工作，但仍利用一切机会刻苦自学和做实验。16 岁那年，他终于发明了自动收报机。爱迪生一生有留声机、电灯、电影机、蓄电池等一千多项发明。他从一个穷孩子，经过长期刻苦自学和实践，终于成为一位举世闻名的发明家。

中国伟大的数学家华罗庚在金坛中学读完初中后，因家里无力再供他上学，只得辍学到父亲的小杂货店里帮助料理店务。在这期间，他自学了高中和大学低年级的全部数学课程。18岁那年，他到金坛中学当了一名会计，兼管学校事务。除了学校里繁重的事务外，早晚还要帮忙料理小店的事务。每天晚上大约8点钟才能回家。清理好小店的账目之后，才能钻研数学，常常到深夜。华罗庚的数学天赋逐渐显现出来，因为不断有高水平的论文发表，被清华大学数学系主任熊庆来推荐到清华大学数学系当管理员。

到清华大学后，华罗庚的进步更快了。他自学了英语、德语。24岁时，他已能用英文写作数学论文。28岁时，他当上了西南联大教授。后来，他又被熊庆来教授推荐到英国剑桥大学深造。

自学能力何以带给一个学生如此巨大的改变呢？因为有了自学能力，学生就可以主动学习、独立思考，这两项好比学习的双翼，能够带领学生攀登到知识的顶峰。如果在学生时代就建立了很强的自学能力，将来参加工作后，仍然能够积极主动地学习，根据工作需要不断提高自己的专业水平。

尽早提升自学能力

学习是一个主动吸收的过程。在这个过程中，个体根据内心积淀的认知，注意和有选择性地感知外在信息，从而积极主动地建构新的认知成果。在这个过程中，个体的学习能力越强，学习效果越好。

1. 掌握最基本的自学课本的方法

自学课本的最基本的方法和步骤如下：在阅读的过程中大量提出问题，边读书边思考，提出一些相关的知识及知识点间的联系；阅读的过程中，与常见的习题相联系，常见习题可以是课本后面的，也可以是相对应的练习册上的。

2. 注重"怎样学"

学习既是获取知识的过程，也是提高智力的过程。在学习上，如果仅仅把头脑作为储存知识的仓库，满足于学到什么，而不注重学会怎样去学，就不能提升学习能力。

所以，中学生在学习过程中要注重不断探寻适合自己的学习方法。比如，合理安排学习时间、根据学习进度制订学习计划、不断寻找更好的学习方法等等。

3. 在预习过程中"找重点"

　　预习是自学的一种方式，是对即将学习的内容的提前认识，在学习的过程中"找重点"，阅读时在课文上圈圈点点。画文章中的重点句子、关键词语，需要重点理解的地方，以及文章中的好词妙句等，写自己读后的感想、问题以及简短的评语，换句话说，写自己在阅读中的所"悟"、所"感"、所"疑"。

自强，有再战的劲头

　　曹文杰 15 岁，从小神经元受损导致右腿跛疾，在校园里显得很特别。但是他学习成绩特别好，常年保持在年级前 10 名。为此，同学们很敬佩他。他的作业本永远干干净净，字迹工整。课堂上，他发言最积极，提的问题最多，并获得武汉六中的分配生资格。提起曹文杰，老师们都会竖起拇指称赞。曹文杰虽然腿脚不利索，但是非常自尊自强，比其他学生对自己的要求更高。他经常在上下教学楼时摔跤，旁边的同学准备搀扶，他总是摆手拒绝，坚持自己扶墙慢慢爬楼。

自强者终能实现梦想

　　有一个家境特别不好的男孩，他的名字叫仇玉君，4 岁时，父亲因脑血栓卧床不起，生活条件很差。后来父亲又患了癌症，使得这个家更加贫困。父亲去世后，仇玉君就和母亲相依为命。母亲靠做一些保洁的工作勉强维持母子二人的生活，最艰难的时候，母子俩连每月一两百元的房租都交不起，只能住进漏雨的瓦房。

　　条件虽然艰苦，仇玉君却非常努力，他努力学习，一刻都不放松；积极肯干，不怕劳苦，老师和同学都很佩服他。仇玉君的物质生活贫乏，但是，他的梦想却坚定，他要通过自己的努力去创造更好的生活，他坚信，通过自己努力得来的东西会更珍贵，以后的生活也会更好。

　　18 岁那年，仇玉君梦圆高考，以理科 521 分的好成绩被长江大学临床医学专业录取。

　　在这个物质极其丰富、孩子们的生活趋向奢华的时代，仇玉君心中拥有的不是因为物质匮乏导致的自卑，而是因为有梦而腾飞的信念，通过努力读书改变家庭命运的梦想最终成就在了他坚持不懈的脚步下。

在学习上如何做到自强

　　如果男孩是一个自强的人，那么，父母就无须为他的未来担忧。这样的男孩不但有志向，还有毅力，能够做到自强不息。

1. 有志向

诺贝尔生理学或医学奖获得者科赫说："很多人的成就源于小时候的一个梦想。"科赫幼时的梦想促使他成年以后努力工作，不断地为人类做出贡献。

科赫小的时候，有一次在池塘边玩纸船，看着小船全速前进的样子，科赫说："我要像这只纸船一样到更远的地方去，做更大的事情，经历多大的风雨都不害怕。"

不久，科赫生活的小镇上的牧师去世了。妈妈给科赫解释说是因为牧师得了一种治不好的病。科赫当时萌发念头，要做一个能够为人们解除病痛的人。

男孩通过阅读、看电视、上网、看各种展览等方式接触最前沿的知识，男孩被这样的情境触动萌发志向。

志向远大的人才会藐视眼前的苦难。孩子立志越早，用来奋斗的时间越长，孩子获取的成就会越大。哪怕孩子所立的志向不是具体的目标，只是一种生活，一种状态，对孩子也具有一定的激励作用。

有这样一个故事，一位美国少年立下150多个志向，包括穿越大沙漠、征服8000米以上高峰、漂流亚马孙河、登中国长城、登月球等，这些志向在常人看来能完成其中一二项已属不易，30年的时间，他竟完成了一大半。如果没有少年时候的立志，就不会有这样的结果。

男孩有了志向，遇到困难，能够不断地自我挑战、自我提高。

杰明·布卢姆强调，成才者在孩童时代并不一定是同龄孩子中最有天赋的，但他们一定是立志出类拔萃，最想超越别人的人。

2. 不向失败屈服

成长路上的"失败"是练习，出错率高，收获也大。

狮子贵为森林之王，除了与生俱来的身体素质，还在于狮子家族独特的教育方式。刚出生不久的幼狮经常会被公狮推到岩石下，让幼狮从跌倒的困境中想办法找到爬上来的路。而此时，公狮或母狮即使看见幼狮遇到困难也只是远观而不干涉，只在面临生命危险时才伸出援手。

如果男孩懂得处于逆境的时候不束手待毙，而是积极寻找方法，那么，经历了多次绝处逢生后，就会懂得"天无绝人之路"的道理，遇到困难就不会轻易言败。

第 6 章
青春期男孩考试派

——会考试，不"分奴"不砸锅

分数是学习效果的检验，受限于学习效果、应试能力、心理素质等多个因素。如果平时学习足够努力，考场正常发挥，成绩就不会差。分数通过考试获得，同时也会影响考试效果。男孩要学会理性看待分数，才能高效学习、轻松面对考试。

乐天派：偶尔考砸了，该庆幸

如果一个孩子每次考试都是90多分，偶尔有一次考了80多分，或者70多分，一定很意外。看到分数时，孩子的内心一定会非常震撼，怎么会这么低呢？心情糟糕透了，感觉吃饭都不香了。

有个中学生很要强，成绩一直很好，他不允许自己失败，如果遇到不会做的题目，"开夜车"到很晚直到弄懂。他一到考试就担心、害怕，担心考不好，为此患上了失眠症，影响了正常学习。

偶尔考砸了，是正常现象

偶尔一次考砸了，是正常现象。学习是一个掌握知识的过程，考试是对学习过程的检验，碰到某些知识没有掌握好、学得不够扎实，成绩就会差一些。这没什么的，知道了哪里没有掌握，可以有针对性地复习。更何况，考试成绩还受临场发挥影响。

1. 科学研究表明：人的大脑活动存在误差

人的大脑活动存在误差，这是任何人都无法避免而且是有科学依据的。在计算或者写字的过程中，连大人都会出错，更何况学习很紧张的孩子呢。

学习特别紧张、休息不好容易导致脑疲劳。严重的脑疲劳会使人的心理承受能力下降，无法面对生活上的种种压力，导致精神崩溃。在脑疲劳状态下，会感到头昏脑涨，反应迟钝，注意力分散。

2. 情绪影响考场发挥

中学生心事多了，心情也变得复杂。父母对孩子的期望过高，或者自己太在意分数，都会导致压力过大；担心考不好，或者遇到伤心的事情等，都会影响思考和记忆，大脑容易"断片"，即使早就掌握的知识也可能想不起来。

3. 考试题目也会影响成绩

不是每个孩子都能百分百掌握课本上的所有知识，也不是每场考试的题目都是课本上的重点，老师也有出题出偏了的时候。更何况每个学生都有不擅长的，要么计算、要么背诵、要么阅读理解，如果所考内容偏重孩子不擅长的方面，出现错误的概率就高，就容易出现低分。

既然一次考不好有着各方面的不可预测的原因，就不要把考试的失误看作是失败与无能，而应看成是学习过程的一个正常情况，是对学习情况的一个提示。

接纳当下的差成绩

既然偶尔考砸了是正常现象，那么，男孩就没有必要过于纠结了。赶紧行动起来，自我疏导、自我激励，把没掌握的知识掌握住吧！

1. 暂时放一放

如果考完试，无法面对考试成绩，心情很差，没关系，不要逼自己带着坏心情学习，想发呆就发呆，想打球就打球，想玩游戏就玩到尽兴，想出去游荡就出去游荡，看场电影或者听场音乐会，然后命令自己接受这次差成绩，等心情平静了，再好好改错。

2. 把没掌握的知识掌握住

考试是学习的一个过程，通过试卷可以看出哪些知识没有掌握住、掌握得怎么样，对于没有掌握的知识点，向老师或者同学求教，搞明白，是考试后很重要的一件事。

在把试卷改正确之后，保存下来。同时，把错误的题目记在错题本里，以便经常复习。

3. 总结经验，写成"考记"

考试作为一次重要的学习经历，每次考过后都会有新的认识和感受，给下次考试提供很多经验。如果考砸了，分析为什么考砸，是知识点没有掌握住？还是粗心大意了？或者没有掌控好考试时间？认真仔细地找出失误的原因，在纠正失误的同时提示自己以后要注意，避免再犯类似错误。如果把考试经验用笔记录下来，写成日记，效果就更好了。

让学习目标"高大上"

有一名中学生考试发挥不利，父亲知道后，在电话里责怪了他，男孩遂服毒自杀。幸亏姑姑察觉到了侄子的情绪异常，快速赶到家中，及时把他送进医院抢救，才没有丢掉性命。

别太在意学习成绩

有位中学生说："一个学生只要学习成绩好，在学校有老师爱，在家里有父母宠。沉重的学习压力就像索命鬼一样，时时刻刻在追逐着我们，我们都变成了机器人。快乐变得那么陌生。"还有一位中学生说："考试一次失败，不理解的目光会齐刷刷地向我射来，嘲讽的话语会蜂拥而入我的耳朵。更可怕的是父母沮丧的神情。那时，我和他们便是冷冰冰的关系。"

之所以有那么多学生、家长、老师把分数看得很重，除了认为分数是学习效果的体现外，还有一个很重要的原因，就是觉得考好了证明自己有能力，把别人比下去了，在家人、亲友面前更有面子。这样的人持有的是成绩目标取向。从心理学的角度来看，成绩目标并不利于成长，不是一个"高大上"的目标。

目标是引导和保持学生动机的方法之一。目标对学习有导向作用，不同的目标决定了学生的不同学习行为。成绩目标取向的学生更关心的是能否向其他人证明自己的能力，通俗地说，就是做给别人看，渴望获得好成绩超越别人。相反，那些不是特别在意成绩，而是看重有没有掌握知识的人，持有的是掌握目标取向。

掌握目标取向的学生认为，学习是为了个人成长，学到知识最关键，他们关心的是他们能否完成任务，而不是和他人相比自己的表现是否出众。他们不在乎在这个过程中可能会犯很多错误或者遭遇尴尬。他们敢于接受挑战，遇到困难时能够坚持到底。

男孩以分数为导向的话，眼界就受到了限制。他们为了分数而努力，淡化能力意识，难免陷入"读书为了应试""死读书、读死书"的窠臼。

站到高处：掌握目标

学习是为了掌握知识，提升能力，男孩只有认识到这一点，才能站到高处，竭尽全力攀登知识的高峰。

1. 一定要记得，不要两眼盯着分数

男孩一定要记得，两眼盯着分数容易成为分数的奴隶，整个校园生活也都是围着分数转。拼命地做习题，考试考不好就唉声叹气觉得到了世界末日，最要命的是会把知识学死，到头来，"四体不勤，五谷不分"。这就要求男孩在学习的时候要把书本知识和社会现实结合起来，让脑子里的世界和现实的世界和谐统一，在实践中，知识信手拈来，而不是为了应对考试而学知识，应用的时候就什么都忘了。

2. 应用所学的知识

在生活中，试着把所学的知识应用到实践中，这一方面有助于巩固对所学知识的理解和记忆，另一方面也能检验一下是否掌握住了所学的知识。比如，购物的时候男孩可以比较一下哪种物品更环保、更安全，装修的时候男孩来算算面积，看似小事情，却是对所学知识很好的应用。

3. 始终保持旺盛的学习热情

男孩在学习过程中要始终保持旺盛的学习热情，不会因为考了好成绩就骄傲自满，也不会因为没考好就伤心绝望，而是始终如一地把学会作为学习目标。学不好就想办法，向老师、同学、工具书求教，直到彻底掌握。

4. 看一些"大人物"的传记

智能手机普及，男孩很轻松地就能接触到"大人物"事迹，多读一读，就能从这些人的成长经历中获取一些启发：任何一个有成就的人都是在历经挫折后仍然奔跑在追逐梦想的路上才能有所成就。

要做到：遭遇再多挫折，也不厌学

熊文，读初二，突然不想上学了。这话一出口，差点儿把妈妈吓死！好好的学怎么不上了呢？从小到大，熊文学习成绩都不错，也很爱学习。家里经济条件好，上的是重点学校。一家人还期待着孩子将来有出息呢，熊文却状况不断，成绩下降的问题还没解决，又要退学了。

熊文情绪不好有一段时间了，放学之后，窝在家里上网，跟同学的交往不多。妈妈担心他网络成瘾，停了网络后，他还是一个人窝在房间，怎么就突然间不想上学了呢？

儿子不想去学校，妈妈就给他安排了一次旅游。儿子出去旅游后，妈妈了解到儿子和班里一位同学发生了矛盾，那位同学很"坏"，发动很多同学不理儿子。儿子觉得跟这样一批不明是非的人做同学太不开心了，就想到了退学。其实，事件过去后，大部分同学搞懂了事情真相，都很后悔。

妈妈跟老师和同学们说明了熊文的决定后，他们纷纷打电话，劝说他回去上学。

厌学是中学生辍学的主要因素

厌学现象是中学生众多学习障碍中常见、紧迫的现象之一，是中学生辍学的主要因素。导致厌学的因素很多，最为常见的有以下几种：

男孩进入中学以后，就进入了青春期，青春期的孩子内心处于矛盾状态，既渴望独立，又很依赖，当父母对他们不是足够支持的时候，遇到一些小挫折就可能引发厌学情绪。

青春期男孩很敏感，很在意和同学、老师的关系以及别人对他的评价。如果发生什么事情影响了和老师、同学的关系，生活在这个集体里感到很孤单，就会情绪低落，很影响学习。

青春期男孩心智不够成熟，逆反情绪很重，一旦成绩不好，被父母训斥，就会以父母最在意的事情去回击他们。父母最在意学习，男孩就不学习、逃避学习，时间一久，就发展成厌学了。

一些男孩对自己要求高，特别看重成绩，几次考不好就深受打击，变得焦虑、抑郁，精力锐减，丧失学习兴趣。

一些男孩受社会上一些低学历的成功人士的影响，觉得不考大学、不学知识也照样能够成功。如果孩子有某方面特长，会觉得读书耽误了发展特长，就会讨厌学习。

一些男孩所生活的家庭并不是很和谐美满，父母关系不好、亲子关系不好、家庭重组、父母脾气不好、父母教养方式不科学等，都可能会引发孩子的消极情绪，孩子把对生活的恐惧、失望、焦虑带到学习中去，从而产生厌烦情绪。

多难，都要坚持学习

厌学是一种负面情绪的表现，如果男孩能够坚定努力学习的信念，不管诱发事件是学习还是其他事件，一旦发生了，都会积极面对，就不会对学习造成影响。

1. 疏导同学师生关系

如果男孩因为和老师、同学关系差而不愿意学习，那么放下心中的结，展开笑颜，和老师、同学好好相处吧！要相信，师生之情、同窗之情是世间最美好的情感，是一个人一辈子的人脉财富。在校园里男孩有意识地扩大人际交往的范围，积极参加同学组织的各种活动，如打球、下棋、游泳等，接触的人多了，朋友多了，就会因为喜欢这里的人而喜欢这个环境。

2. 考不好，也热爱学习

当分数不理想的时候，男孩要想到学习不仅仅是为了获取高分，也是锻炼大脑思维力、提升非智力因素的重要手段。作为人生第二大成长环境的校园，对一个人的成长很关键。生活在这里，不但能够学习文化知识，而且能够获得社会知识，提升生存能力。从这一点出发，即使不追求分数，也要坚持学下去。

3. 和父母较劲，不拿学习做筹码

有的孩子走到厌学这一步，是因为跟父母较劲。他们觉得父母给他的不是他要的教育、生活，就跟父母较劲。男孩一定要明白，学习是为了自己，拿学习这件事和父母较劲，虽然让父母痛心，吃亏的还是自己。

男孩要理解父母，不管他们是催促自己学习，还是对自己的成绩不满意，即使方法欠妥，出发点也是为了关心和爱护自己。为了报答他们的苦心，要好好学习。

考出好成绩时，自我肯定最重要

钟浩期中考试的各科成绩平均上升了 5 分，从一名中上等生变成了尖子生，这是一个很大的飞跃。

考了这么好的成绩，父母开心死了，要好好奖励儿子。爸爸提出，要"大放血"，欧洲十日游！一向节俭的妈妈不但不反对，还咬着牙说在此基础上增加一项奖励，把儿子的手机升级，给他换个新的手机。

父母的奖励很具诱惑，但是钟浩却不忍心花父母的钱。自己每月的零花钱是100 元，已经足够用了。如果有什么特别的花费，只要开口，父母就会给他。他拒绝了父母的奖励，告诉父母，考了好成绩本身就是对努力学习的奖励，接下来自己要做的是总结经验，再接再厉。

自我肯定是最好的奖励

当下，一些家庭为了督促孩子好好学习，设置了奖学金，成绩好时就给予奖励，以物质奖励居多。这样导致孩子无限兴奋，当考不出好成绩时，孩子就跟吃了大亏一样，无比失落。对于走向独立的青春期男孩来讲，一旦父母没有满足他们的独立需要，对他们管教过多，他们就会反抗父母，最为常用的方式就是"我宁可不要你的奖励也不好好学习"，所以，对于青春期的男孩来讲，给予物质奖励一定要慎重。

学习是学生的天职，成绩好说明能够胜任学习。成绩进步证明这段时间的学习状态很好，学习效果不错，学习能力不低，一个字，"行"！自我效能感提升后，男孩更能迎接具有挑战性的学习任务，学习兴趣更强。

心理学家做过一个实验，以 38 名本科生作为被试，通过一个著名的大脑反应——错误相关负电位（简称 ERN）直接测量。所谓错误相关负电位，意思是如果被试在完成任务中出现错误时，100 毫秒内大脑会出现的一个明显的脑电波反应。

开始前，研究员随机将被试分配到两个组，一组是自我肯定组，另一组是无肯定组。在自我肯定组中，被试被要求对审美、社会、政治、宗教、经济和理论六项价值观按着从最重要到最不重要的次序排序。然后，用五分钟时间笔答为什么排第一的价值观对他们来说最重要。在无肯定组中，被试按照同样的价值观排序后，需要笔答的内容是为什么排第一的价值观对他们来说并非相当重要。

在给价值观排序后，被试会完成一个关于自我控制的测试——"去或留"，去用字母 M 表示，留用字母 W 表示。实验要求，当屏幕中出现"M"时就按一下按钮；出现"W"就克制住，不去按按钮。一旦被试答错，屏幕就会反馈出"错误"两个字。

整个过程，被试的脑部反应会以脑电图的形式被记录下来。答对时，自我肯定组和无肯定组的被试显示的脑部活动很相似。而答错时，自我肯定组的被试错误相关负电位则出现明显的高点。看来，被自我肯定的人更容易接受错误，更能够快速改正错误，出错概率小。

找到进步的原因，巩固发扬

自我肯定有利于提升自信，这是学习进步带给男孩的最好的奖励。那么，如何更好地自我肯定，让孩子进步得更快呢？

1. 找到进步的原因

任何一次学习上的进步都有原因，比如，上课认真听讲、课后及时复习、加强课后练习等，耐心寻找，接下来继续发扬，坚持去做，就会形成一种优良的学习习惯，就能保持进步的状态了。

2. 千万不要把进步归因于聪明

有的孩子学习进步后，觉得自己头脑灵活，学得快，才考了好成绩。或者最近一段时间老师重视自己，学习状态好，才获得了好成绩。父母没有唠叨，也没有监督自己，在自由状态下学习效率高。即使有这些方面的原因，也不是主要原因。任何知识，要牢固掌握并熟练应用，都需要努力、下功夫。努力体现在上课注意听讲、积极回答问题、课后及时完成作业、深入掌握每一个知识点等等。男孩要学会把成绩进步归因于努力，继续发扬，成绩就会越来越好。

考试心态：带着平常心去答题

孙杨是一名初二的学生，成绩还算不错，个人也很努力，但是他很害怕考试，特别是比较大型的考试，考前会很紧张。有的时候做得很熟练的题目，答题的时候就想不起来。特别想考个好成绩，可还是常常考砸，他很难过。"为什么别人可以考得那么好，我就考不好呢？期末考试，我又考砸了。这样下去，怎么考得上重点高中呢？"

压力过大必定考不出好成绩

有一位经验丰富的老船长，当他的货轮卸货后返航时，在浩瀚的大海上突然遭遇可怕的风暴。水手们惊慌失措，老船长果断地命令水手们立刻打开货舱，往里面灌水。"船长是不是疯了，往船舱里灌水只会增加船的压力，使船下沉，这不是自寻死路吗？"一个年轻的水手嘟囔。

看着船长严厉的脸色，水手们还是照做了。随着货舱里的水位越升越高，随着船一寸一寸地下沉，依旧猛烈的狂风巨浪对船的威胁却一点一点地减少，货轮渐渐平稳了。

船长望着松了一口气的水手们说："百万吨的巨轮很少有被打翻的，被打翻的常常是根基轻的小船。船在负重的时候，是最安全的。空船时，则是最危险的。当然这种负重是要根据船的承载能力界定的，适当的压力可以抵挡暴风骤雨的侵袭，但如果是船不能承受之重，它就会如你们担心的那样，消失在海面。"

当一个人做一件事情的动机过强、压力过大的时候，超过了个人承受能力，就难以取得好成绩。心理学家发现，学习压力和学习效率的关系是"倒 U 形曲线"。

青春期男孩主要任务是学习，即为实现理想打基础。在学习中感受到压力是正常的。适度的焦虑体现了男孩对考试积极认真的态度，但过度的考试焦虑则会干扰男孩学习，对身心健康造成不利影响。男孩要克服过度焦虑，从容面对考试。

当学生感到适度压力的时候，会紧张，大脑的血液循环加快，兴奋程度提高，生理功能增强，思维积极，所有器官都在最佳状态下运作，有利于提高学习效率，保证考试中正常水平的发挥。

如果他们过度紧张、焦虑、害怕，就会出现焦急、浑身冒汗、心跳加剧、脑子一片空白、头昏脑涨等情况，从而使大脑神经活动失去平衡、受到抑制，感知力、注意力、记忆力、思维力和创造力全面下降。

带着适度的压力去考试

带着适度的压力去考试，在考场上，不但不会出现反常情况，还有利于发挥出最好的水平。

1. 思想简单点儿：考试就是一场考试

考试最本质的目的就是为了检验一段时间内的学习成果，知道哪方面做得好，哪方面有所欠缺。男孩这样想的话，面对考试时心情就没有那么沉重了，也不会过于紧张。相反，考试倒成了一件值得期待的事情，轻松应战，当然能发挥正常甚至超常的水平了。

2. 以轻松心态面对考试

要懂得学习就是为了掌握知识，考试只是对学习效果的检验。平时努力学习，考试正常发挥，成绩就不会差。考试的时候，情绪有波动也很正常。当有紧张情绪后，可以采用自我暗示的方法缓解紧张和焦虑。告诉自己："只要努力去考，成绩什么样都无所谓。"也可以在考试前一天放松一下，散散步、打打球、聊聊天、看看幽默剧。

3. 不要太在乎面子

有的同学担心考不好没面子，会被父母训斥、会让老师看低、会失去在同学心目中的好学生形象，这些想当然的压力都是自己想象出来的，虽然客观不存在，却可以把个体捆绑得喘不过气来，对考试一点儿好处都没有。

事实上呢，考不好，父母不会训斥，老师也不会看低，在同学心目中的形象也不会有改变。男孩需要看清这一点，不为"面子"所累，就能一身轻松地面对考试。

4. 别给自己消极的心理暗示

有的学生一进考场就心跳加快，头脑晕乎乎的，面对试卷，脑海中一片空白，一走出考场，又感到题目都会解。许多同学落榜，并不全是因为考题太难，而是因为思想过于紧张，从而导致记忆混乱、思维阻滞而发生失误。

心理暗示影响考场发挥。消极的心理暗示对人的情绪、智力和生理状态都产生不良的影响，而积极的心理暗示对人的情绪和生理状态能产生良好的影响。所以，男孩一定要记得，任何时候对没有发生的事情都不要有过于消极的认识。

5. 掌握一些考试技巧

考试技巧有助于男孩充分利用考试时间，避免因考试紧张而产生的"舌尖效应"乱了手脚。最基本的考试技巧有答题前认真审题；答题时先易后难，遇到难题不着急、不大意、不急躁、不悲观；答完之后仔细检查。

让考试趋向完美

俊俊考试的时候一遇到难题就慌神儿，脑子卡壳，手心出汗，连会做的题都做不对。

俊俊向学长请教，对方告诉他两个方法。

第一，考试之前，告诉自己，每次考试都有难题，遇到难题不会做很正常，没必要慌乱，冷静思考，尽力去做。

第二，如果遇到难题，尽力也没做出来，就适时放下。静心往下答题，确保做对会做的。等所有题目答完，仔细检查一遍后，再去攻克那些暂时放下的难题。

俊俊按照这个方法实施了几次后，在考场上冷静了许多，遇到难题也基本能够答出来，再也没有出现无缘无故丢分的情况了。

答题不用心，成绩很糟糕

对于一名学生来讲，掌握了知识点、会做很多题目，考试就能拿高分吗？如果不懂考试技巧，分是不会少丢的。那么，哪些丢分情况是因为缺乏答题技巧导致的呢？

1. 审题不清

在考试的时候，看错了题目、没有看明白题意、漏掉了题目问题等，都是因为审题不清导致的，答案错误或者不充分就不能拿分。

有人觉得审题不清是因为马虎、着急，不是大问题，下次考试好好审题就可以了。结果呢，下次还是会出现类似问题：看错数字，看错条件，漏掉已知条件，看错问题，等等。

2. 做不完

有的男生总是觉得考试时间不够用，不管大考、小考都会有做不完的题目。当交卷铃声响起来的时候，面对着会做的题目捶胸顿足，没有机会去完成。

3. 着急，写不对

有的男孩一考试就着急，生怕答不完，于是，加快速度猛写，这样特别容易因为审题不充分而答错、漏掉题目、看错了题意。等发现了，往往是题目已经答了一大半或者答完。

用心答题的几个要点

不管写作业还是考试，做到用心并养成习惯，就能发挥出自己的真实水平。

1. 搞清审题与解题的关系

审题是解题的基础。男孩充分掌握解题方法，才能很好地解题。审题不对，解题一定错误。男孩答题的时候，要做到全神贯注、心无杂念，一遍没看懂就看两遍，等到把题目的条件与要求彻底吃透，在脑子里有了清晰的解题思路后再动笔写。

男孩如果出现审题不到位的情况，就要在做题的过程中着重练习，学会从题目中挖掘隐含条件、寻找关键词、找到解题方法。思路阻塞时多读几遍，耐心思考，时间久了，自然就能处理好审题与解题的关系了。

2. 不疾不徐，处理好"会做"与"得分"的关系

考完试估分与实际得分相差很远，说明会做不一定能够得分。不管做作业还是考试的时候，只要会做的题目就能完全做对，才算达到了得分的水平。不管哪种原因造成了丢分，都表明没有真正掌握所学知识。

如果每次考试都出现"会而不对""对而不全"，估分与实际得分相差很远的情况，那么，就要耐心寻找丢分的原因。是理解偏差还是叙述方式不合规范？或者解题步骤没有按照规定来？还是字迹太潦草？细心分析，找到问题，才能解决问题。

3. 准确与快速的关系

考试的时候，谁都想快速答完，剩下一些检查时间。但是，一定要记得，速度不是想快就能快起来的，要靠平时训练达到知识掌握扎实、思维快速、书写流利。如果考试的时候心里着急，一味求快，只会错误百出。这样的快，还不如慢一点儿，写对一道是一道。

4. 处理好难题与容易题

无论考试还是写作业，在题目的安排上，基本都不是先容易题目后难题目，

而是难易题目交织。总有一些题目看似容易也会有关卡，看似难做也有可得分之处。

为了锻炼做题的速度和准确率，做题时，遇到不熟悉的题目，可能会有一看就不会的感觉，这个时候，男孩千万不要放手，要仔细想一想，只要复习充分，基本都能想出来。但是，也不要一直耗着，毕竟，遇到超出掌握范围的难题也很正常。男孩要学会合理安排时间，努力思考，实在答不上来就先放下，决不可以在一道题目上打"持久战"。

第 7 章
青春期男孩成熟派

——了解青春的萌动，完成青春的任务

　　青春期是生命周期转换阶段，是一个身心发展不平衡的时期，会有身心矛盾、心理困惑、生理现象、身体发育等成长状况出现，搅得男孩内心不宁静。男孩需要理解这些青春期问题，控制住自身情绪，把学习摆在第一位。

我是个好男孩吗

这次月考，成绩又没有按预期的要求提升上去，还是老样子，妈妈一定会失望，都怪自己不够努力；中午吃饭，又没有去食堂，偷偷地点了外卖，这样是不是太纵容自己了？上语文课的时候，我又走神了，昨天，我看到班花和别的班的一个男生一起走在路上，难道他们在一起了？这么一走神，落下了一大节课程；早晨想去操场跑步，因为赖床，又没有跑成……唉，自己总是这么没有意志力，不能下苦功夫，一旦成绩下降，可能就进不了自己心仪的学校了。

男孩的青春期任务很关键

成长是个连续的过程，如果按照年龄把人生分成几个阶段，每个阶段肩负的成长任务都不一样。

著名的心理学家埃里克森把人生分成八个阶段，从出生到老年每个阶段都有其成长和发展任务。第五个阶段——12~20岁是青春期，这一阶段是童年向成熟迈进的重要转折点。青春期的孩子会反复思考"我是谁""信守什么""将来会怎么样"。在这个年龄段里，男孩必须建立基本的社会和职业同一性，达到个人内部状态和外部环境整合协调一致，否则他们就会对自己成年的角色感到困惑。

认识自己、认识环境，搞好学习、搞懂身心变化，憧憬未来、立下志向，每一项的艰辛对他们来讲都是一次磨炼，都可促使他们成熟。他们把自己当成天使，觉得自己能够扇动翅膀飞越太平洋，事实上，一次小考就足以把他们带回现实，不得不接受自己就是一只平凡的小蝴蝶。他们为自己有了知心朋友而备感温暖，可是，当朋友把自己的秘密公之于众的时候，他们的心凉如寒冬，欲哭无泪。一天到晚没日没夜地学习，写字写得手要断了，盼望着脱离"苦海"，可是，考不出好成绩，就没有好前程，想到这些，关掉刚玩了几分钟的游戏，又开始埋头苦读了。

青春期男孩们的烦恼不少，有学习的、生活的、交往的；有关于现在的，有关于未来的。当然了，他们的快乐也不少。他们就这样既品尝着苦涩，又回味着甜蜜，一天天地努力着，最终成就了阳光、帅气、有梦想、有才华的自己。

努力成为一个好男孩

积极的自我评价成就积极的人生，一方面源于心理暗示，另一方面在于扬长避短。一个评价自己是好男孩的孩子，一定会寻找好男孩的标准，从而向这个目标看齐。

1. 积极的自我概念

心理学有个词语叫作自我概念，自我概念是一个有机的认知结构，由态度、情感、信仰和价值观等组成，贯穿整个经验和行动，并把个体表现出来的各种特定习惯、能力、思想、观点等组织起来。

比如，男孩认为自己具有坚持性，不怕学习困难，喜欢与同学探讨问题，认为上大学有利于发展，热爱读书，愿意听听父母的看法，要改变不爱运动的坏习惯，很喜欢互联网领域，等等。当一个孩子对自己的评价是这样的时候，那么，他就拥有了积极的自我概念。积极的自我概念引领孩子朝着积极的方向前进。

比如，如果男孩认为自己善于学习，能够学习好，即使他在学习上不是很牛，他也会努力让自己变牛。

2. 男孩要自尊

辛自强、池丽萍等人对 119 篇采用罗森伯格自尊量表收集数据的研究报告进行了元分析，结果表明，处在青春期的孩子自尊水平基本呈现随年龄增长而上升的趋势。与其他成长阶段相比，青春期的孩子自尊心增强，他们觉得自己是大人了，就该有大人的自由和权利；他们觉得自己能够像大人一样做决定、处理事情，父母不放心是对他们的极大不尊重；他们觉得自己是有能力的，父母不能低估他们。

自尊是个体对自我概念的评价，是对感知到的自己拥有的品质的评价。其实质是个体是否喜欢所认识的这个自己。男孩在做事之前，好好考虑一下这件事情的后果，如果是消极的后果，就不要去尝试，这样更利于孩子形成自尊。

比如，明天要考试了，今天要好好复习，但是，男孩有点儿累，他想玩会儿游戏，放松一下。这个时候，男孩思考了一下，理性战胜了感性，他设定了时间，躺半小时，然后就复习。半小时后，男孩起来学习，已经神清气爽了。对于这件事情，男孩会评价自己有自控力，选择小憩很理性，内心就会很爽，也会很佩服自己。

3. 气馁时，为自己设定目标

目标具有唤醒的功能，能够激发无限潜能。任何人有了目标，就有实现的可能。所以，当陷入失落的情绪当中的时候，不妨给自己设立目标，激发自己的潜能。

维也纳大学康士坦丁·梵·艾克诺摩博士认为，如果把人的能力看作一座冰山的话，那么浮出水面的部分就是已经显示的能力，约占 5%。换句话说，隐藏在冰山底下的 95% 的部分，也就是我们常说的潜能。

学习，带给男孩生命的尊严

有个男生，继承了父母的音乐天赋，初中一年级的时候钢琴已经通过了九级，除此以外，还会弹奏很多乐器。父母想让他继续努力，将来考音乐学院学音乐。但是，男孩不愿意，他喜欢数学，将来要当一名数学家，从事经济方面的工作，还要去华尔街工作。父母想说服他，搞音乐。男生对父母说，他要有尊严地活着，希望他们支持自己，尊重自己，让他做自己想做的事情。

父母见拗不过男孩，只得尊重男孩的意愿。后来，男孩进入了加利福尼亚大学学习应用数学。

厘清自尊与他尊的关系

要想有尊严地活着，做自己想做的事情，而且把事情做成，最基本的一点就是要有自尊。

什么是自尊？尊重自己，不向别人卑躬屈膝，也不允许别人歧视、侮辱自己。自尊是在有他人存在或与人交往时所体现出来的一种品质，是尊重自己、尊重别人。

自尊是受人尊重的前提。一个不懂得自尊的人，是很难获得别人的尊重的，生存和发展都会受到限制。男孩要想更好地生存和发展，更好地成为社会活动的主体，一定要做到自尊。如果不自尊，人格、地位任人践踏，就得不到他人的尊重，也就无法展开社会活动。

尊重别人是自尊的重要内容，一个对人不感激、对事不满意、对物不爱惜、对己不严厉的人不懂得尊重别人，也无法获得别人的尊重。相反，一个对自己要求严格、对人抱有感激之情、对事能容忍善接纳、不断对自己提出更高要求的人，不但能赢得别人的尊重，也能提升自信。

这样的人不会因为别人不喜欢、不认可自己而苦恼，而是能够坚持做自己，经过时间的验证，最终赢得尊重。

尊重自己，尊重他人

在家里获得父母尊重的孩子，才能享受到作为一个独立的人的权利，才能建立起自尊。相反，一个懂得尊重父母、尊重他人的孩子，才能得到父母的尊重。

1. 尊重自己的内在需要

男孩要学会尊重自己的内在需要，要求独立、自由、不被打扰，不要勉强自己接受别人的过度管教，自己有了什么想法，与别人甚至父母观念不一致的时候，要好好思考，不要轻易就向别人看齐。

2. 尊重父母、尊重他人

父母是孩子生命中相处最久、沟通最多的人之一，在与父母相处的过程中，尊重他们作为父母的权利、意见、决定，是子女的本分。当父母并不了解孩子的想法就主观地做出决定时，也不要和父母对着干，好好沟通说服他们，才不会伤了他们的心。

一个懂得尊重他人的人，才会赢得他人的尊重，才能体面地生活在这个世界上。尊重他人表现在以礼待人，不剥夺他人的意志，不贬低他人的行为，宽容他人的过失，不打扰他人等。

3. 别太在意别人的看法

有自尊的人不盲目从众。当别人不认同自己的做法，甚至以孤立、打击的方式给自己施加压力的时候，也能坚持自己的看法，不会太在意别人的看法、别人是否认同。

4. 直面差距，正视他人优势

一个充分尊重自己的人，也会尊重别人。面对自己和他人的差距，不盲目自卑，更不嫉妒，而是平静地为他人鼓掌。

高云学习成绩一直很好，组织能力也不错，在班里担任班长。升入中学后，班级里大多都是新同学，选班长的时候，高云也不知道该选谁，为此他很不开心。当选班长的那位同学之所以被选中，在于班里有很多和他一个学校的老同学。郁闷了几天后，高云想开了，那位同学也有很多优势，热情、努力、开朗、体育好，学习成绩也不错，很适合当班长，那就支持他吧。这么想的时候，高云内心就平静了，和新班长相处得也很好。

现实中，有些人看不得别人好，别人涨工资了，他就在背后说长道短，甚至无中生有乱编排；别人家日子过好了，心里就不舒服，背地里拆台，让人家不痛快。如果身边有这样的人这样的事儿，男孩一定不要效仿。这样的行为暴露的是内心极大的不自信。

使用网络，但不成瘾

小雨 15 岁，是一名中学生，本该读初三，却休学在家玩游戏，已有两年的时间了。小雨从小生长在一个并不幸福的家庭里，为了改善家里的条件，妈妈在他三年级的时候外出打工，父亲对他关心很少。在没有人陪的日子里，小雨时常感到孤独和恐惧，就靠玩电脑游戏打发日子。小学毕业后，小雨去了妈妈工作的城市读书，被妈妈发现他迷恋上了网络游戏。小雨足不出户地玩游戏，有一次连续 62 天没有走出家门。

青春期男孩为何容易迷恋电脑

互联网时代，网络就像人们的其他日常用品一样，成为人类生活不可缺少的陪伴者。青春期男孩更容易网络成瘾，这是因为这个阶段的男孩还没有形成坚定的人生观、价值观，而又恰逢心理动荡比较大的时期，特别是在学习成绩不好、父母唠唠叨叨、老师不待见的时候，体验不到强烈渴望的认同感、成就感，内心会非常空虚和失落。

网络游戏可以提供一个能够狂欢的虚拟世界，在假想中满足游戏者猎奇、自由、快感和自我实现等心理需求，从而让人欲罢不能。

男孩一旦在小的时候生活在一个并不幸福的家庭里，没有建立起对这个世界的安全感，也没有机会建立起稳固的兴趣爱好，进入青春期后情感变得丰富，当真的没有可以信赖的倾诉对象的时候，他们很可能把网络当成填补情感缺口、获得自信的代偿物，当心理因此而获得满足后，网络就成了可以信任的朋友。

青少年一旦上网成瘾，除了耽误学习以外，还会影响性格。青少年深陷网络、欲罢不能，社会交往减少，交流沟通变少，性格变化极大，自闭、执拗。

玩游戏接受的是单一、重复的刺激，孩子做出习惯性的反应，不需经过分析、辨别，左脑几乎处于停止不用的状态，不利于智力发展。

不把电脑游戏当作精神寄托

男孩要明白，青春期烦恼再多，只要不偏离日常的生活和学习，不叛逆过头，终究会蹚过去，再回首时会觉得青春期遇到的那点儿闹心事儿不算什么。

1. 受到挫折，别钻进电脑

不管心情有多么烦躁，也不要去想通过网络来排解忧愁。如果父母工作太忙，没有时间关心自己，试着跟父母聊一聊，跟他们说说内心的苦闷，父母就能理解自己。

有个男孩，爸爸去外地打工，妈妈患病心情不好，男孩既要照顾妈妈又要学习，身体有些吃不消。家里气氛冷清，男孩心里也很孤单。有时，他会用妈妈给的零花钱去网吧玩游戏，越玩越上瘾。但是，玩过后心里空落落的。

他觉得自己不能这么玩下去了。他想要爸爸回来，一家人开开心心地过日子。男孩给爸爸打电话倾诉内心的烦恼，并发去了他和妈妈的照片。和儿子几次通话后，父亲回到了家里。虽然日子过得清苦，但是一家人相亲相爱，男孩觉得无比幸福。

在学习上难免会遇到困难，不要逃避，也不要气馁，想办法克服，不放弃，就能掌握住所学知识。总是以这样的态度对待挫折，就能建立起自信，不会去网络世界寻求解脱。

2. 合理使用电脑，做有益的事情

互联网时代，人们都离不开电脑，尤其中学生们，他们不仅会用电脑，而且操作水平都很高。此时，男孩要自我监督，多利用电脑学习、沟通，少玩游戏。

中学生学习压力很大，如果找不到缓解压力的方式而一味读书，大脑长期处于疲倦状态，就会影响学习效果。中学阶段是厌学高发期，学生长期绷紧弦学习，如果不能取得好成绩，就容易失去学习兴趣，产生厌烦心理。现在网络上的小段子很多，不乏很励志的，学习之余看个一二十分钟，可以放松心情。

当然了，像有些特别吸引人的 App，偶尔看一下就好了，如果控制不住自己，就不要下载在手机里了。

另外，当下很多男孩把编程当成一种业余爱好，转移了他们对游戏的关注度，在编程的过程中可以提升逻辑思维能力、解决问题的能力，这是有利于学习的。男孩学会了编程也就懂得了游戏形成的过程，不仅因此弱化了对电脑游戏的神秘感，更少了些痴迷。

3. 学习多忙都不放弃休闲娱乐

每个人都需要休闲娱乐，否则，不但学习效率低，而且会降低学习积极性。男孩一定要记得，不管学习有多忙，都要参加一些课外活动。青春期正值性激素分泌增多的时期，只有多参加体育活动，消耗大量的体力和精力，才会身心愉悦，不想入非非。

可以选择的娱乐活动很多，踢球，轮滑，骑脚踏车，阅读，弹琴，跳舞，唱歌，等等，都不错。

4. 精神空虚时，做些家务

男孩，你可别小看做家务，亲身体验一次，你会觉得做家务会给自己带来莫大的成就感和满足感。做家务减轻了父母的劳动负担，让他们感受到了儿子的爱，他们心情特别好，眉开眼笑的样子会让男孩心情大好。

做家务，做什么呢？做饭、洗衣服、铺床、洗碗、收拾房间、扫地、拖地、浇花等，都可以做。如果男孩真的用心去做这些事情，还会有一个特别意外的惊喜，就是爱读书、爱学习，珍惜时间了。

暗恋那个女孩，要行动吗

管军喜欢上了班里的一个女孩，那个女孩很漂亮，也很温柔，学习成绩也不错。放学后，男生们谈论最多的也是这个女孩。课堂上，管军望着女孩的背，常常想，将来娶一个这样的媳妇，生一个这样的女儿，多幸福啊！

有的时候，管军也会胡思乱想，气质这么好又优秀的女孩，会不会有哪个坏小子捷足先登，先表白了呢？

女孩不讨厌自己，还有点儿喜欢自己，这一点管军是有把握的。但是女孩对别的男生怎么样，他就没有把握了，要不要试探试探，表白一下？可是她如果不喜欢自己不是太难为情了吗？每天，管军都会这样痴痴地想几分钟，错过了不少精彩的课程。管军想管住自己，可还是忍不住。好几次，他都下定决心要表白，但都没说出口。

其实，连管军自己都不知道要不要行动。

要么做朋友，要么远远地欣赏

步入青春期后，大约是初中阶段吧，此时，正是男孩个性发展和学习阶段的黄金期。研究显示，如果男孩和女孩有正常的交往或者朋友式的交往，非常有利于他们的学习进步和个性发展。

男孩的朋友圈里不可避免地会有女同学，面对女同学，正常交往，与她们建立起健康、自然、真诚、适度、互助的关系，即使在友谊与朦胧的爱情之间难以画出一条明确的界限，只要不捅破，就是朋友，就能保持美好的友谊。这样，父母、师长不担心，自己也安心。

男生会有固定喜欢的对象，不敢表白，痴痴地想念，这没有什么，暗恋某个女孩就是这个年龄阶段的表现。但是，有些男生控制不住自己，就表白了。如果女孩能够接受，就认为是恋爱了，幸福地彼此称呼"老婆""老公"，每天都要避开老师、同学、父母的眼光，私下里和对方说几句话、待上几分钟。如果找不到机会，心里就不踏实。

如果仅仅是这样，只有一部分时间内心不够安宁，不能专心学习，付出的代价还不大。关键是，有的男生、女生受一些影视剧的影响，觉得恋爱了就要同居，又不懂得性行为带来的后果，结果自食恶果，彻底无法安心学习了。

而那些只是远远欣赏着对方，偶尔也会有一些小互动的不表白的男女生，反倒能够在彼此无伤害的情况下安心学习，临到毕业，互相要了联系方式，到了一定年龄后，很可能会有一段美好的故事。

把爱慕藏在心底，好好学习

默默地爱慕某个女生，是男孩进入青春期后因为性成熟而表现出的性渴望，是一种正常的心理活动。男孩没有必要为此自责或者恐惧，只需要把握好自己，把爱慕藏在心底，好好学习，就不会伤人伤己。

1. 可以喜欢，但不要表白

男孩当然有喜欢某个女生的权利，但是却没有表白、接纳女生的爱的资格。中学生正处于学生时代，经济不独立不说，情感也不独立，这个时期的男孩搞不懂什么样的女孩最适合自己。盲目向某个有好感的女孩表白，结局逃脱不了"始乱终弃"，白白浪费了一段大好的青春时光。

如果喜欢一个女孩，想一想是可以的，但如果想被别人喜欢，那就要展示出自己的"资本"。为什么学霸背后总是有一帮女生的目光在追逐，就是因为他们凭借卓越的才华成了小女生心中无可替代的"男神"。把女孩放在心中，努力搞好学习，才能积累起被优秀女孩青睐的资本。

有个男孩，仗着家里有钱，不断给班里一个品学兼优的女同学送礼物。他以为他的那些进口货、大名牌能感动女孩，谁知，女孩丝毫不买账。女孩说："你能不能管管你自己，有点儿学生样行吗?"这么说，男孩该明白了，可他就是不明白! 每天在学校门口等着女孩，搞得班里很多男生起哄。女孩在大庭广众下对他说："你能不能干点儿正事!"男生说："能!"女孩说："你离我远点儿! 我要读书!"就这样，男孩还没明白女孩是什么意思，还在想女孩凭什么不喜欢自己? 自己哪里不好?

这个故事说明什么，说明中学生头脑还很简单，没到恋爱的年龄，不懂爱情，好好学习才是根本。

2. 不要担心别人捷足先登

好女孩谁都喜欢，爱慕者也多。男孩担心自己喜欢的女孩跟别人好了，就着急跟女孩表白，这种想法不是很成熟。爱情不可急，缓一缓会让自己身心轻松。朦朦胧胧地喜欢对方，默默地关照对方，任凭这样的美好感觉在心中流淌，对劳累的身心是一份很好的慰藉。多年之后，如果有缘，总会有机会向心仪的那个女孩表白。

想看电视，又害怕影响学习

有位初三的同学说，还有几个月就要考试了，学习很紧张，可我总是控制不住想看电视。写一会儿作业，就看一会儿。还有两个月就世界杯了，我特别想看，可看电视太浪费时间了，真担心影响学习啊。

幸亏爸爸够心狠，坚决把电视遥控器藏起来了，刚开始特别不适应，慢慢地，也就习惯了。现在，我的学习成绩很好，也不用担心控制不住自己了。但是，心中还是有一些小小的遗憾，难道为了获得好成绩，就真的不能看电视吗？班里也有成绩好的同学，也经常看电视，为什么他们就没影响学习呢？

一看电视就后悔

一些男生一看电视就后悔，觉得看电视浪费了时间，影响了学习。可是，每当有球赛、好看的电影时又忍不住要看。一看就到大半夜，导致作业做不完，还影响了休息，第二天上课打盹儿。

为此，不光男孩自己，就连男孩的父母都严令他们不许看电视。有的家长甚至把孩子将来考不上大学、成绩下降的原因归咎于电视看多了，然后堂而皇之地把电视关掉，搞得男孩心惊胆战。

看电视确实有不利于学习的方面。

1. 容易上瘾，耽误时间

看电视容易上瘾，特别是看连续剧的时候，故事情节跌宕起伏，悬念不断，看了这集又想看那集，不知不觉一两个小时就过去了。中学生课程多，时间紧，白白消耗几个小时，一天两天没关系，时间久了定会影响学习。

2. 看电视弱化大脑的思维力

电视给人的是直观音像刺激，男孩看电视时被动地接受图像，跟着情节走，不需要主动分析和加工所看到的东西，弱化了大脑的思维过程，限制了孩子对词汇的想象和思考。电视节目以声音和画面呈现内容，容易使人精神惰化，时间久了会使人的思维变懒惰，不愿意进行逻辑思考。

3. 课堂上想剧情，耽误听讲

有的男生说，看完连续剧后，如果上自己不喜欢的课程，上课就容易走神，通过回忆故事情节打发时间，很耽误学习。

那么，电视真的不能看了吗？怎么做才能既过了电视瘾又不后悔呢？

可以两全其美：既过电视瘾，又学知识

电视作为大众媒体之一，肩负着传递信息和传递文明的作用，适度、巧妙地看电视可以学到知识，有利于成长。

出国留学生们对于电视有着很深的感情，这是因为，电视能够促进他们的语言学习。

中学生也可以通过看英美电影、电视剧来开阔视野，顺便也学习英语。

当然了，电视能够传递的知识不光是英语学习，还可以帮助孩子了解时事政治、自然科学、历史地理等方面的知识。特别是有些晦涩的知识点，从书本上学习很费劲，电视节目呈现出来的要更加形象生动，利于记忆。

自慰的烦恼

　　静阳是一名初三的男生，学习成绩很好，深得老师和同学喜欢，读重点高中板上钉钉啊，大家都羡慕他。静阳也觉得自己很优秀，学习很有劲头。可是，最近他常常头晕，去看医生也没有什么器质性问题，医生说可能是读书累的，让他注意一下，看什么时候什么情况下会头晕。他按照医生的嘱托细心留意，差点儿没吓死，每次自慰后，第二天就会头晕！

　　难道自慰伤害了自己的身体？都头晕了，是不是身体亏损得很严重？自己会不会死？自己的梦想还没实现，怎么可以死了呢？静阳越想越害怕，他发誓以后再也不自慰了！可是，自己已经迷恋上了那种愉悦和痛快的感觉，隔不了多久就要享受一次。每次神魂颠倒后又无比恐惧和焦虑。他努力克制自己，但是越克制那股能量就越厉害，自慰得越频繁。他开始怀疑自己是否品德有问题，是否不正常。

先要了解"自慰"

　　从生理发育的角度来看，自慰的生理机制与一般的性行为是一样的，对身体并没有什么伤害。自慰是一个人性成熟后在没有与异性发生性行为的情况下，自己释放性能量的一种行为，自慰是自己安慰自己，与别人没有关系，与道德没有关系。当一个男孩生理成熟后，性能量就需要释放。梦遗是一种生理上的自然释放，是不可控的；自慰是一种人为的释放，是可控的。所以性能量既可以释放又可以升华，并不是完全不可控制的。

　　自慰对身体无害，更不下流，也不会影响生育能力。这种行为在未婚人群中很普遍，男女都有。

　　但是如果把人类正常的生理欲望看作是负面的东西加以抑制的话，就会让人进入病态，因为自然的生理欲望并不受我们大脑的支配，我们只能顺应疏导，而不能否定压制，越否定压制，它就越不受控制，成为一种破坏性的动力。克制后，性能量反而更强烈，更容易失控。

自慰之所以困扰青春期男孩，不是自慰本身对身体的伤害，而是错误的观念所导致的心理压力。如果认为自慰伤害了身体，是下流事情，那么，自慰后就会自责、内疚、有犯罪感，担心伤害身体，下定决心不再自慰。但身体的力量阻挡不住，即使努力克制还是会自慰。当下一次自慰后，心理矛盾就更加强烈。一个人的内心长期处于矛盾状态，很容易形成人格分裂。

如果对自慰没有正确的认识，不懂科学的性知识，自慰后的心理压力对男孩影响很大。

有个男孩，自慰后觉得手很脏，自己很下流，很肮脏，总想洗干净。在家里不断地洗，到学校也常常洗。可即便不断洗手，心里还是会有很重的负罪感，觉得自己堕落了。学习状态每况愈下，上课精神萎靡，下课也很少离座，和同学的交往也少了。

任何一件事都要有一个度，自慰也需要一个度，频率过高，就像性生活频率过高一样，就会影响身体健康。男孩自慰大都带有一定的心理压力，为了不让他人知道，常常匆忙行事，一旦在这个过程中发生惊扰或者过度沉溺其中，必然造成泌尿生殖系统疾病，比如，慢性前列腺炎引起尿频、尿末滴白、下腹及会阴部不适、腰酸无力、性欲减退、阳痿、早泄、不射精等。

合理控制自慰，不胡思乱想

性的功能既是心理的，也是物质的，既可影响身体活动也可影响心理活动。适度自慰虽然不影响身体健康，但是也不可大意，青少年血气方刚、自控力有限，一旦过度就会影响身心健康。那么，如何防止自慰过度呢？

1. 平时上网避开涉黄网站

青少年喜欢上网，上网的时候避开色情网站，可以避免因生理冲动而产生自慰。这个过程还锻炼了自我控制能力，学会了抵制不良信息的方法。有意识地抵抗诱惑也有利于心理健康。

2. 爱运动，多参加体育锻炼

运动是促进身心健康的一剂良方。爱上一项运动，球类也好，骑行类也罢，坚持每天安排一定的时间活动，不但有益身心健康，还能愉悦精神，释放能量。

而且，在户外活动使得自慰没有合适的机会。

3. 不封闭自己，多与人交往

学习再忙，都别忘了交朋友。定期约朋友一起玩，看看电影，聊聊天，吃大餐，一起学习，大家在一起心情好，不感到孤寂，当然就没有机会自慰了。

4. 有自己喜欢的事情

有自己钟情、痴迷的事情，不但精神愉悦，还能集中精力在自己喜欢的事情上。高雅的情趣能够令人心性高尚，做事三思，就能避免因为无聊而沉迷于自慰。

与女孩纯洁的友谊却被
父母怀疑，怎么做

张来是一名初二的男生，最近特别苦恼。父母怀疑他和班里的一个女孩谈恋爱，太荒唐了！怎么可能呢？恋爱，自己连想都没有想过的事情竟然把父母搞得紧张兮兮，父母还到学校向老师了解情况，同学们笑得都要岔气了。

一天放学回家，张来在路上遇到了班里的一个女生，当时两人手上都拿着同一个电影的宣传资料，于是就聊了起来。回家顺路，聊了一路。以后，放学回家，两人遇到了就会聊一聊，结伴回家，也很有意思。

这事被张来的父母发现了，父母就审问儿子是不是在和那个女生谈恋爱。张来把事情如实说出，父母就是不信，还扬言说要找老师问问。

刚开始，张来苦口婆心地向父母解释，父母不信，坚持要找老师，张来也懒得解释了，到了学校，老师、同学也都否认，父母还是不相信，每天放学后，就早早在路上等着张来。这不明显是跟踪吗？搞得张来在同学面前都抬不起头了，他十分苦恼。

男孩被父母怀疑会很逆反

男孩进入青春期后，父母最担心的焦点问题就是他们与异性的交往，害怕他们早恋，在这方面警惕性特别高，甚至有点儿疑神疑鬼。也难怪家长们这么紧张，当下青春期孩子有同居的、怀孕的、私奔的，不仅伤害孩子身心，还影响学习。

孩子生理发育后，性心理逐渐成熟，会被异性吸引，交往增多，这是再正常不过的现象。而且，孩子只有获得了这样的异性交往的机会，才能拥有未来和异性亲密交往的能力。这是性发展过程的一个必经阶段，男孩能够自由自在地与异性交往，才不会逃避、害怕异性，不会见到异性后眼神躲躲闪闪、手足无措，丧失正常的社交能力。

如果男孩与女孩的正常交往被父母定性为早恋，被勒令断绝交往或者受到严密监视，他们会非常反感，冲动起来甚至会离家出走。

当父母严密监视男孩或者反对男孩和女同学交往的时候，孩子没有错，错的是父母。如果按照父母的要求去做，孩子会留下很多遗憾。

1. 导致孩子不能真正独立

人们的生活是相互联系的，家庭的行为是相互影响的结果。

青春期正是孩子渴望独立和自由，想要摆脱父母的过度保护，要自主的阶段。如果父母管教太严，老是对儿子不放心，就暴露出了父母自身存在的问题。孩子顺从了，变得依赖，会失去自主性。如果孩子不顺从，为了保护自己的疆域不受侵犯，就会通过极端的方式来反抗父母，吵架、不和父母说话、离家出走是常见行为。即使孩子做出了这样的反抗行为，他们也不会成长为真正独立的个体。

2. 家庭生活不和谐

父母对孩子管教过多，导致他们失去在孩子面前的权威。到了青春期，孩子的生命进入了另一个阶段，他们需要和父母保持一定的距离，父母不理解孩子的需要，依然把他们当成小孩，就会遭到孩子的反抗。

最好的选择，跟父母说清楚

当父母怀疑男孩甚至警告男孩别谈恋爱的时候，男孩不要为父母的多心而生气，也不要和父母吵闹，静下心来和父母聊一聊，就能让父母放心了。聊什么呢？

1. 告诉父母，正常交往有利于心智发展

男孩女孩正常交往能够促进各自成长，男女两性看问题的角度和解决问题的方法很不一样。经常与异性接触，可以开阔视野，学到更多的知识。

为了让父母更放心，可以选择几个男生和几个女生在一起交流，避免和某个女生单独接触。

2. 跟父母说，正常交往有利于未来择偶

如果男孩在青春期不能正常地和异性交往，不敢面对喜欢的女孩，就会失去了解女孩的机会，到了择偶年龄，会不知道怎么和女性交往。

3. 向父母保证不恋爱

很多父母拒绝男孩和女孩交往，就怕早恋弄出问题，于是采取了早防范的下策。男孩不妨向父母保证，自己不会谈恋爱，更不会与女孩同居。即使和哪个女孩关系不错，也只是正常交往，而且根本就没影响学习。

想入非非：想知道女孩身体什么样

有个初二的男生说："我最近对女孩子的身体充满了好奇，女生的私密部位长什么样？好看吗？我特别想知道！我是不是特别流氓？可是，我真的想知道。每次在网络上看到，我都会脸红心跳，觉得自己在'耍流氓'，不是好人了，接下来几天都在想这件事，无法安心学习。"

对女孩身体好奇，很正常

男孩对女孩好奇，幻想女孩的笑容、身体器官，或者想象与女孩拉手、接吻等事情，是一种正常的反应，只要不沉迷，就不是异常。

人类的丘脑是青春期发育的启动枢纽。11～12岁时，下丘脑开始活动，分泌出一系列多肽释放激素，作用在位于丘脑下部的脑垂体，脑垂体接受命令后便分泌多种激素，于是，青春期发育就开始启动了。"沉睡"中的睾丸分泌出更多的雄激素。随着自我意识的发展和性意识的觉醒，他们不仅关心自己的身体，还会对异性的身体充满好奇。这是成长的体现，男孩无须为此感到有压力，也无须压抑。

性萌动时，越是压抑着性的渴望，越不知道是怎么回事，越觉得性神秘，不敢靠近。越躲着，越不了解，诱惑力越强，伤害力也越大。

所以，带着一种向往的心态去了解异性，反而更利于男孩内心的平静。

无须"谈性色变"，大方地去了解女孩

男孩渴望了解女孩，这是一种正常的性心理，男孩无须忐忑、不好意思，大方地去了解吧！

1.选择靠谱的知识载体

如果男孩要了解女孩，不要在宿舍里和同学讨论，大家都没有科学的知识，得不到正确答案。最好选择给青春期男孩、女孩看的书，里面会有详细的说明和解释。

2. 需要知道女性的"私密花园"

女性生殖器官包括内生殖器官和外生殖器官。内生殖器官是指生殖器中内藏的部分。外生殖器是指从外面就可看到的生殖器官总称，也称为外阴部，包括阴阜、大阴唇、小阴唇、阴蒂、阴道前庭、前庭大腺、前庭球、尿道口、阴道口和处女膜及会阴。从功能上来讲，内生殖器承担着一定的身体功能，比如孕育、排卵等；而外生殖器具有保护内生殖器的功能。

如何避免去想：考不上大学，怎么办

杨成从小学习就很好，性格活泼开朗。在小学和初中的时候，学习没费劲，也没特别花心思，从没限制过自己玩，轻轻松松就获得了好成绩。

升入高中后，杨成的成绩依然很不错，日子过得也很忙碌、紧张，到了高三，不知道因为什么，老想学不好怎么办？考不上大学怎么办？而且，一到考试就睡不着觉，莫名地紧张，和父母闹脾气。考完后，老想考试的事情，想哪位同学会比自己分数高，不停地在心里估算分数，无法专心听课。

成绩下来后，如果成绩不错心情就平复了，如果成绩差，就总想考不上大学怎么办呢？长时间闷闷不乐。杨成最担心的事情——成绩下降发生了，杨成心里别提多难过了。

在学习上，过度功利等于自我伤害

当下很多学生受家长、社会短视教育的影响，把考大学、找好工作作为学习目的，认为学习好了、考出了好成绩，将来就会有好日子过，反之，就不会幸福。这是一个极度错误的观念。

教育的目的，就是让每个孩子成为他可能成为的最好的样子。学校教育的目的是把受教育者培养成为社会所需要的人，九年义务教育的目的就是使受教育者具有适应终身学习的基础知识、基本技能和方法。

关于教育，不管哪一种说法都没有定位在分数、好成绩、考大学上，而是定位在人上。孩子接受教育的过程是一个社会化的过程，通过教育，孩子从一个自然人发展为适合社会需求的社会人；在受教育过程中，受教育者要获取知识、发展能力、完善人格。

受教育的过程就是孩子成长的过程，既然是成长就要全面发展，身心都包括，而不是单纯地获取好成绩。

传统的把教育当成获取书本知识的观点太过功利，不利于孩子成长。即使获得了好成绩，孩子将来也不一定能够适应社会。更可悲的是，一些孩子在没考上大学之前的追求分数的路上就倒下了。

太过功利的教育让本应自然快乐的学习变成了负担，无论是所谓的"优秀生"还是"差生"，所体验到的都是学习的痛苦。即使学生很懂得学习的目的，但是因为太过于痛苦会不自觉地产生排斥心理，导致厌学。

改变不合理认知

担心自己考不上大学并为此焦虑的男孩，眼下最重要的事情就是改变在学习上的不合理认知，建立科学的学习观。

1. 改变不合理认知

学习这件事不会引起情绪问题，男孩在学习上的情绪问题是由对学习的不合理的看法和观念导致的。"学习是为了考一所好大学"就是一个不合理的认知，这样的认知导致男孩考不好就会闹情绪。

男生一定要记得，学习是为了获取知识、增长能力、完善身心，考大学只是这些方面能力的一种体现，即使考不上大学，如果综合素质很强，未来的前途也不一定比大学生差。

如果你的父母或者身边人特别在意成绩，常常以考大学这件事情来督促学习，考不好就会施加压力，你没有必要为此紧张，一方面要努力学习，另一方面不要因为分数低就压力特别大。要知道，考试只是检验学习效果的手段，没考好说明这部分知识没有学好，再努力一些就好了。

2. 拨开表面看到实质

我们常常想，学习是为报答父母的养育之恩，为将来有本事多赚钱让父母生活得更幸福、更快乐；为了让自己将来过上好日子；为报答老师的培育之恩，使老师满意；为了考个好大学，找份好工作；为了使祖国更富强，为了人类社会的进步，世界更美好。

男孩，不管你心中想的是什么，以上那些都是学习的表面目的，学习真正的实质目的是获得知识。学习是培养负责精神、意志力、勤奋精神的重要方法。认识到这些，就不会功利，目光会更高远。

牛孩法则：不和父母顶牛

　　高阳愁眉苦脸的，连游戏都懒得玩，为什么呢？他又和父母吵架了。本不打算顶撞他们，但一时没控制住，顶了一句，激起了父母的怒火。为什么？就为一碗面。什么破面，一点味儿都没有！这要在平时，高阳妈妈顶多看他一眼，父亲根本不会应声。可这次，妈妈直接就说："破面就别吃！"不吃就不吃，高阳放下筷子就回屋了。

　　现在想来，自己有点儿过分了。在家玩了一天，父母上了一天班，回来给自己做饭吃，还嫌这嫌那，哎！以后要学会控制自己啊！

男孩青春期特点：逆反

　　很多人称青春期为"危险期""逆反期"，是因为青春期是人格发展的岔路口，这个阶段的孩子心理上充满了矛盾，解决了、搞明白了，就会身心健康，否则可能一生处于混乱之中。

　　逆反，看似与父母作对，实际上反抗的是自己，反抗自己的无能、不成熟，保护自己心目中那个独立的形象。直到有一天真的独立起来了，孩子就实现了自我的同一性，有了真正的自我认同感，就能接纳父母的教育了。

　　青春期孩子有逆反行为，这与孩子强烈要求独立的心理发展需要有一定的关系。青春期男孩身体和心理上的变化并不同步。从心理发展的需要来看，他们一方面渴望独立；从心理能量上来看，他们又确实独立不起来。所以，这个时候，孩子既需要家长对他们的认可，又需要家长对他们的帮助。如果家长漠视或者挑战了他们的独立愿望，孩子产生了挫败感或者不顺利感，就会逆反。

避免和父母对抗的几个方法

　　和父母对抗对青春期男孩来讲没有半点儿好处，父母伤心，自己难过，一旦发生极端事件，就导致全家不得安宁，影响正常的生活。所以，男孩尽可能地不要当面对抗父母。

1. 控制自己，避免走极端

逆反是青春期男孩成长过程中的常见表现，男孩要正视这一点，控制自己不发展到极端，火气就能自然消退。消退后想一想，其实也没什么大不了的。之所以会有青春期孩子偏离了发展的主流轨道，杀亲人、离家出走、自杀事件的发生，跟父母僵化的教养方式有关，同时也与青春期孩子自身的行为有关。如果青春期男孩不懂得控制自己，不深入思考叛逆的实质，钻牛角尖，就会导致情绪和行为失控。

2. 引导父母去改变

人们常说，6岁前的孩子是抱着走的，小学阶段的孩子是领着走的，青春期的孩子应该自己走。

当家里有了青春期孩子，父母的教养方式必须做出调整和变化，尊重和理解孩子，多倾听、少控制，只有这样，才能实现亲子关系和谐。如果父母不理解这一点，那么，孩子可以给父母写一封信，告诉他们面对青春期孩子，他们应该怎么做。

3. 理解父母的不容易

有青春期孩子的家庭一般都有年长的老人，中年夫妻已经肩负着照顾老人的责任，同时婚姻和事业也都面临着很大的考验和压力，而身体素质却在走下坡路。男孩认识到父母的不容易，当父母火气大或者不给自己留面子的时候，就能默默地接受而不是反抗了。

4. 多倾听，不顶撞

和父母沟通的时候，当父母言辞激烈或者态度不好时，不和父母顶牛。实在说服不了他们，就选择沉默吧，这样的沟通模式远远好过顶牛。在此基础上，选择父母情绪好的时候再跟他们交流，问题就容易解决了。

父母其实很怕孩子不听话，也很烦孩子逆反，如果男孩能够倾听父母的想法、意见、建议、痛苦和烦恼，父母体验到了孩子的懂事，感觉自己是被孩子尊重的，就会努力去理解孩子的行为了。

5. 美化父母的唠叨

当父母唠叨的时候，男孩不要往自己身上扯，就当父母是在发泄不良情绪好了。父母也有压力，唠叨完就没事了。男孩选择先躲开，或者耳朵听着，不走心，就没有那么烦，更不会反抗了。

有几天心情烦躁，怎么过

嘉豪说，每个月都有那么几天心情不好，莫名其妙地看什么都不顺眼，感觉特没劲，学不进去，爱发火，连看到最好的哥们都高兴不起来，怎么回事呢?

男孩，你也有"生理期"

男孩每个月也会有几天反常的日子，在这几天里，特别易激惹，自己一个人的时候也会不开心。会出现头痛、失眠、便秘、食欲不振、注意力难以集中等情况，让小男子汉深受折磨，不知道自己为什么莫名其妙地情绪化。其实，这是男孩的"生理期"。男孩在"生理期"里，会有类似女孩生理期样的情绪波动，一反常态，最为常见的表现有以下几种。

1. 心情烦躁，安定不下来

心情会无端地急躁，如果有什么事情发生，刚有点儿苗头就会急得不行，就像有大事发生一样。不爱说话，想做事又做不下去。

2. 不知道自己要做什么

觉得有很多事情要做，可是又不知道自己具体做哪件事。比如，看书的时候，一页一页地把书翻过来翻过去，结果什么也没看懂。或者貌似在看，其实根本没往心里去。看电视的时候，把遥控器握在手里不停地切换频道，却找不到想看的节目。

遇到事情，头脑乱糟糟，想不出解决方法。即使去吃个便饭，也要把菜单一遍一遍地看来看去，不知道点什么菜。

3. 表情冷酷

和以往相比，见到熟人不再殷勤、主动，多高兴的事情，也绽放不出笑容。虽然看起来很酷，但是父母会担心，觉得孩子遇到什么不开心的事情了。

4. 言语不清，词不达意

神经绷得很紧，懒得说话，必须表达什么的时候，节奏和语调变得快慢不均，声音低沉，言语不清，甚至可能伴有口吃。几句话下来，连自己都不知道说了什么。

5. 容易发怒

平时好脾气的男孩，到了生理期会莫名其妙地发怒，不起眼的芝麻小事会成为他发怒的导火索，他甚至会动手打人。吵架过后，他们看起来并不爽，还是愁眉苦脸，独坐在角落里。

男孩"生理期"，理智不冲动

男孩在"生理期"会心情烦躁，容易发怒，情绪低落当然无法安心学习。这种情况下，男孩要学会控制、调节情绪。

1. 别硬扛着，放松一下

有的男孩自制力很强，即使心情不好，不想学习，也强迫自己坐在书桌前，人虽然在看书但是并没有看进去，即使看进去了记忆效率也不高，这么做，可能会让心情更糟糕，压力更大，还会因学不进去而焦虑。

与其恶性循环，不如放下学习，让自己放松一下。如果恰逢周末，去郊外走走，逛逛街，或静静地躺在床上睡一觉，都有助于释放压力。

也可以去做志愿者。动物收容所、少年宫，这些地方都需要大量的志愿者。放学后去做这些事，把温暖传递给别人，同时也能感受到温暖。

2. 避免冲动，不自暴自弃

有数据显示，青春期是犯罪的高发期。青春期孩子情绪化、容易冲动，心情不好时就可能寻找发泄的途径，这个时候的男孩最容易发生的事情就是起哄、打架、合伙偷盗、上网等，发生了这些事情，男孩要想安心学习就不容易了。

男孩一定要学会避免冲动，心情不好的时候，安安静静地待着，望着天空发呆或者对着一棵树喃喃细语；看看书，写写字，知识可以赶走烦恼；找朋友聊聊天；在家里做些好吃的刺激刺激自己的味蕾；一成不变的居住环境不免让人心生倦怠，何不动手改变一下房间的陈设，把书桌换个地方，把书柜里的书重新摆放一下。心情改变了，坏情绪没有了，就不会做出不理智的行为。

3. 写文章，自省自愈

中学生的心理具有一定的闭锁性，学业的沉重压力，考试前后的紧张焦虑，老师、同学及父母长辈与自己的摩擦冲突，强烈的个性意识，社会适应不良等情况，使他们心里蒙上了不该有的阴影。如果不及时疏导，那学生的心理问题就会越来越严重，而作文过程恰好是学生情感外放的过程。巴金先生曾说过："我们写作，只是因为我们有话要说，有感情要倾吐，我们用文字表达我们的喜怒哀乐。"所以，我们要鼓励学生大胆倾诉自己的感受，激发他们情感交流的欲望，拿起手中的笔，用文字倾诉烦恼、痛苦，自己开导自己，自己教育自己，自己鼓励自己，自己战胜自己，增强自己的独立自主意识和抵抗挫折的能力。

4. 学一些心理调节方法

另外，在此过程中，也要适时教给他们一些简单有效的心理调节方法，如情绪调控法、放松法、减压法、暗示法等，使学生的学习心理、交往心理和个性品质都得到不同程度的优化，逐渐学会关心、宽容，学会关注生活，增强对生活的感受能力，激发写作兴趣，写出自然、生动、感人的好文章。

第 8 章
青春期男孩动机派

——目标是通往梦想的台阶

男孩要知道自己为什么学习，还需要具备一定的自我管理能力，熟练应用一些管理方法，比如，设定目标、构想未来、制订计划、安排时间等。这样才能很好地完成学习任务，向着美好的未来前进。

傻傻的问题：目标的推动力到底有多大

王斌是一名初中生，学习还算不错，当下的奋斗目标就是成为优等生。可是，努力了好久，他还在中等偏上晃悠，考重点高中很费劲，王斌有点儿泄气了。

哈佛调查带来的启示：目标法则

爱学习的男孩，喜欢制定目标，他们已经感受到了目标巨大的导向性作用，能否获取好成绩，跟学习之初所选择的目标有很大的关系。选择什么样的目标，就会取得什么样的成绩。扩大来讲，一个人有什么样的成就，就会有什么样的人生。这就是目标法则。

曾经读过一个故事，故事内容是这样的。

曾有人做过一个实验：组织三组人，让他们分别沿着十公里以外的三个村子步行。

第一组的人不知道村庄的名字，也不知道路程有多远，只告诉他们跟着向导走就是。刚走了两三公里就有人叫苦，走了一半时有人愤怒了，他们抱怨为什么要走这么远，何时才能到。走到一半时有人甚至坐在路边不愿走了，越往后走他们的情绪越低落。

第二组的人知道村庄的名字和路段，但路边没有里程碑，他们只能凭经验估计行程时间和距离。走到一半的时候大多数人就想知道他们已经走了多远，比较有经验的人说："大概走了一半的路程。"于是大家又簇拥着向前走，当走到全程的四分之三时，大家情绪低落，觉得疲惫不堪，而路程似乎还很长，当有人说："快到了!"大家又振作起来加快了步伐。

第三组的人不仅知道村子的名字、路程，而且公路上每一公里就有一块里程碑，人们边走边看里程碑，每缩短一公里大家便有一小阵的快乐。行程中他们用歌声和笑声来消除疲劳，情绪一直很高涨，所以很快就到达了目的地。

这个故事说明了一个道理，我们对将要做的事情了解得越是清晰，越有利于完成这件事。延伸开来讲，我们对人生越是有规划，规划得越好，人生就越精彩。

哈佛大学的研究人员做了一个非常有名的关于目标对人生影响的跟踪调查，该项调查的对象是一群智力、学历、环境等条件都差不多的年轻人，初始调查发现：有清晰的长期目标的占3%，有清晰的短期目标的占10%，有较模糊目标的占60%，无目标的占27%。

25年后，这些人的状况是怎样的呢?

那3%的人，25年来几乎都不曾改变过自己的人生目标，他们始终朝着同一个方向不懈努力。25年后，他们几乎都成了社会各界顶尖的成功人士，他们中不乏白手创业者、行业领袖、社会精英。

那10%的人，大都生活在社会的中上层。他们的共同特点是，那些短期目标不断地被实现，生活质量稳步上升，他们成为各行各业不可缺少的专业人士，如医生、律师、工程师、高级主管等等。

那60%的人，几乎都生活在社会的中下层。他们能安稳地生活与工作，但都没有什么特别的成绩。

剩下的27%的人，他们几乎都生活在社会的最底层，他们的生活都过得很不如意，常常失业，靠社会救济，并且常常抱怨他人，抱怨社会。

当人们的行动有明确的目标，并且把自己的行动与目标不断加以对照，清楚地知道自己的行进速度和与目标的距离时，行动的动机就会得到维持和加强，人就会自觉地克服一切困难，努力达到目标。

从现在起，养成制定学习目标的习惯

目标是行动的指南针。有目标就会朝着这个方向努力，使得学习行为变得更有条理，不盲目，避免时间和精力上的浪费。男孩要想学习好，轻松而高效，就要养成制定学习目标的习惯。

1. 学期前，制定总目标

每个学期开始后，就是半年的学习。这半年，要在哪些方面有进步，改正哪些缺点、不良习惯? 年初制定一个目标，整个学期都会朝着这个目标努力，不管是进步还是改错，都变得容易。

比如，在学习成绩方面，计划这一学期单科提升；在写作业方面，彻底改变拖拉的习惯。

2.针对某个问题制定目标

某个时期，可能会出现相同的不良状况，这种情况下就完全有必要制定一个目标来解决这个状况。比如，连续三次考试都出现了马虎导致的丢分。这个时候，就可以制定一个目标，在两个月或者三个月的时间内改掉马虎、粗心的毛病。

针对特别问题的目标还要复杂一些，要解决一个问题就要搞清楚原因，这样才能根治。

目标精进了你的能力

鹏鹏初三时，见到了留美回来的表哥，很有国际范儿，表哥出国留学前就已经是鹏鹏的偶像了，带给了鹏鹏很大的学习动力。

鹏鹏与表哥只有一年同校，那时鹏鹏刚升入初一，表哥读高三。那天，表哥在学校大礼堂里作为优秀生发言，思路清晰、表达准确，全体学生都屏息静听，发言完毕后，在掌声中默默走下讲台。那一刻，鹏鹏感觉特别自豪，下定决心向表哥学习。三年内，他要成为班级优等生。功夫不负有心人，三年后终于实现了。

这次表哥回国度假，鹏鹏抓住机会，跟表哥练习口语，让英语成绩上个台阶。鹏鹏把想法跟表哥一说，表哥当即来了个热烈的拥抱，说："不错！有目标，有出息！"

目标能激发你的学习潜能

男孩有必要记住下面这个故事。在漫漫寻梦的路途上，遇到困难时，读一读这个故事，会立即获得能量。

在英国伦敦，一位名叫斯尔曼的残疾青年，他的一条腿患上了慢性肌肉萎缩症，走起路来很困难，可他凭着坚强的毅力和信念，创造了一次又一次令人瞩目的壮举：

19岁时，他登上了世界最高峰珠穆朗玛峰；21岁时，他登上了阿尔卑斯山；22岁时，他登上了乞力马扎罗山；28岁前，他登上了世界上所有著名的高山……

然而，就在他28岁这年的秋天，他却突然在寓所里自杀了。

他为什么会选择自杀呢？有记者了解到，在他11岁时，他的父母在攀登乞力马扎罗山时不幸遭遇雪崩双双遇难。父母出发之前，留给了年幼的斯尔曼一份遗嘱，希望他能像父母一样，一座接一座地登上世界著名的高山。

年幼的斯尔曼把父母的遗嘱作为他人生奋斗的目标，当他全部实现了这些目标的时候，感到了前所未有的无奈和绝望。在自杀现场，人们看到了斯尔曼留下的痛苦遗言："这些年来，作为一个残疾人创造了那么多征服世界著名高山的壮举，那都是父母的遗嘱给了我生命的一种信念。如今，当我攀登过那些高山之后，我感到无事可做了……"

斯尔曼因失去人生的目标，而失去了人生的全部。

目标是个人、部门或整个组织所期望实现的成果。有目标就有了精神动力。世界顶尖潜能大师安东尼·罗宾有这样一句名言："有什么样的目标，就有什么样的人生。"古今中外凡在智能上有所发展、事业上有所成就的人，无不有着明确而坚定的目标。

英国前首相本杰明·迪斯累里原本是一名并不成功的作家，出版数部作品却无一给人留下深刻印象。后来迪斯累里涉足政坛，决心成为英国首相。他克服重重阻力，先后当选议员、下议院主席、高等法院首席长官，直至1868年实现既定目标成为英国首相。对于自己的成功，在一次简短的演说中迪斯累里一言以蔽之："成功的秘诀在于坚持目标。"

提升目标，往更精深发展

文艺复兴时期法国思想家蒙田曾经说过："灵魂如果没有确定的目标，它就会丧失自己。"一个人如果没有了目标，生活也就失去了意义。斯尔曼在实现了一个又一个壮举后，却选择了自杀，就是因为在他心中再也没有目标了。中国有句谚语：欲得其中，必求其上；欲得其上，必求上上。当最初的目标实现后，还要设置下一个目标，只有不停地设置目标，才能保持奋斗的激情，才不会觉得失去生命的意义。

俞敏洪说，做事情不在于泛，而在于精。俞敏洪准备第三次高考的时候，补习班的老师让他们背诵300个词语，俞敏洪很认真地背得滚瓜烂熟，考上了北大西语系。他说，英语学习其实很简单，如果你有毅力把几十篇中等难度的文章背熟练，弄懂里面的句子意思和语法，你就有可能成为半个英语专家。在此基础上，再继续背诵、继续搞懂意思和语法，终会成为英语专家、学习专家。

如俞敏洪说的那样，在学习上不断地往精深发展，就能成为专家。其实，不光在学习上，做事情也是一样。选择好一件事情后，即使你眼下的水平很低，只要不断制定目标，一步一个脚印地实现，你就永远不会失去学习的动力。

男孩要记得，当自己站到一个高度后，如果不向着另一个高度奔跑，就会有人跑到你的前面。只有当进步成为一种状态后，优秀才会成为一种常态。

一个人的成功，不仅在于不断实现人生的目标，更在于不断提升人生的目标。只有不断提升目标并且竭尽所能达到这个目标，才能逐步完善自我，从而让我们的生活变得更快乐而有意义。

一个人制定的目标可能会随着个人的发展而发展，这也算一种提升，只要有目标，即使会变化，也会向着更适合自己的方向发展，所以，不要因为担心目标有偏斜而不敢制定。

试试"只挑半桶水"

有个男孩学习成绩不是很理想，但是他很要强，一直想着成为班里的前几名，为此，他不断努力，制订了学习计划：参加"拔高班"学习，做高难度的习题，但是成绩却提高不上去。男孩为此非常苦恼，他不明白为什么自己这么努力还达不到目标。直到有一天，男孩读到了一个故事。

在古代，人们要挑水吃，有一户人家距离井台很远，挑水很不方便，可是男主人每天都只挑半桶水。周围的人很不理解，觉得他傻或者懒。直到有一天，一个好心人提示他可以挑一满桶水，那样更省力。

男主人没说什么，只是让那个人自己来试试。那人毫不犹豫地打满了两桶水，满怀信心地上路了。很轻松地走过一段路后，那人开始气喘吁吁，脚步也不稳了。水不断地洒出来。小路越来越崎岖，眼看就要进家门了，一个趔趄，摔倒在地上。水洒光了，膝盖摔破了。那人满脸沮丧。男主人语重心长地说："这下你知道我为什么不挑满桶水了吧！挑满桶水最多剩下三分之一，有时还会一滴不剩地都洒落，而挑半桶就能得到半桶啊！"

受此启发，男孩为自己制定了一个不高的目标，学习成绩逐渐提高了。

目标斜率告诉你：目标具有达成性

心理学家们做过这样一个实验：人数相等的两组农民被安排在一块麦地的两边收麦子。不同的是，在一侧的田边每隔三米插了一面旗子。两组同时开始收麦子，几小时后，发现有旗子的这组要比另一组快得多，而且越靠近旗子的末端，速度就越快。通过这个实验心理学家发现了著名的目标斜率。

一个人，在他意识到自己的目标快要实现的时候，内心就产生一种冲动，从而使力量增强，速度、效率提高。这种加速现象叫作目标斜率。

一个人，离他的目标越远，心情越平静，情绪越松弛，内在冲动越弱，工作速度越慢；离他的目标越近，心情越激动，情绪越紧张，内在冲动越强，工作速度越快。

制定学习目标的时候，如果目标过高过大，远远超越了自己的能力，就失去了促进学习的目的。

阳阳听着"好好学习，考个好大学，有份好工作"这样的话长大。当一些大学生跟他讲述大学生活的时候，他迷茫了。在大学里，可以每天上网、玩游戏、看电视剧等。难道好好学习十几年，就是为了考上大学？考上大学后就不用好好学习了？这跟没读大学有什么区别？

阳阳读了一本又一本书，最终理清了对学习的认识。学习的最终目的是提高认识能力，实现目标。高考是对学生学习能力的检验，考好了，就能享受更好的教育资源，更好地实现人生目标。阳阳想做一名海员，驾着自己的轮船在海面上航行。想要实现这个目标，需要有丰富的知识，除了基础要打牢固，考入海洋类大学更有利于学习，有自己的研究项目就更能在这个领域有所建树。

男孩一定要懂得，有达成性的目标更有推动力，更能促进学习。

如何让学习目标具有达成性

如果说把人生比作一艘船，有了目标，才能找到最适合的航道，航行得顺风顺水。如何让这个目标更具有达成性呢？

1. 目标要切合能力水平

目标可以分成三个层次：长期目标、中期目标和短期目标。长期目标是一种信仰，中期目标让人觉得有奔头，短期目标让人知道眼下该怎么做。

短期目标通过一周时间的努力就能实现，增强学习的自信心。中期目标是在完成短期目标的基础上能够进一步达到的稍大的目标。长期目标是为了有一个更强的奋斗方向。

在制定长期目标的时候，除了目标要切合现阶段的实际情况，包括兴趣爱好、家庭条件、时代背景等，还要尽可能长远，以便激起为美好前途奋斗的雄心。

中期目标应该高于现状一个档次，能够拥有足够的提升空间和不懈的动力。当男孩抬头就能望见自己的目标，这样前进的方向更明确，学习更自觉。

短期目标应限定在自己力所能及的范围内，能够迅速付诸实施。短期目标看似很小，但是积小成大，特别是在完成一个个短期目标的过程中，男孩可以不断获得成就感，积累经验和能力去实现长期目标。

2. 目标不能脱离自己的实际情况

如果男孩的学习成绩很糟糕，也不要失望，只要根据实际情况制定合适的目标，寻找适合自己的学习方法，就能改变状况。状况改变以后，就更有自信了。

3. 长期目标要带有方向性

制定长期目标，不要过于具体，以免失去目标的导向性。举个例子，即使将来想当一名数学家，也不能把努力的方向限于理科，范围越宽广越利于孩子学习。因为，各个知识体系是相互支持的，很多的职业会用到多个学科的知识，知识越丰富，越利于将来的职业选择。

用计划进行自我激励

程军是一名初一的学生，放学回家后，他一边吃点心一边打开电视，电视正在播放《疯狂的赛车》，忍不住看了起来。点心吃完了，程军还不想关电视，就又看了一会儿。妈妈回家，见他在看电视，问："作业写完了？"程军说："急什么，一会儿写！"妈妈说："抓紧啊！"在学习上，程军是个乐天派，他认为每天将时间的"边角料"给学习，成绩就可以不错。

开始写作业了，程军就不这么认为了。作业多得眼晕！外语作业是背诵课文，先背外语课文吧。明天第一节课就是外语，老师要检查背诵情况。背了一会儿，没记住，想到数学比较好做，就扔下外语写数学作业。写着数学，想到还有那么多物理试题要完成，不由得加快了写字的速度。

程军最怕物理，第一道题目就卡壳了，苦想了几分钟后，不得不拿出课本寻求帮助。这个时候，妈妈喊他吃饭。吃完饭回来接着做物理试题，做到晚上 9 点半，已经困得不行了。可是，没有一科作业完美地完成。

制订学习计划，自我激励

很多给自己制定了远大目标的人最终目标是达到他想达到的境界或目的。即使有宏伟的目标，如果在学习过程中没有切实可行的计划，受外界环境和个人意志水平的限制，也可能让目标泡汤。不能实现的目标，制定得再好，也没有意义。

就拿写作业这件事情来说，如果作业比较多，做作业前估算一下需要多少时间，然后根据科目的情况安排好先做哪一科，后做哪一科，列出一个简单的计划表，就不会在不断考虑先做哪一科后做哪一科上浪费时间了，更不会这科做不完就去做那一科了。

在高三前，余悦的成绩在300多人中排名200上下。为了全面提高学习效率，实现高考目标，她制订了详细的学习计划：每天6点40分起床，晚上12点多睡觉，像这样的整体时间是不变的，每一个时间段的学习内容则根据自己掌握的情况进行相应的变动。

按照计划学习，余悦的学习成绩不断提高，到高考前，已经挤入了学校前30名。

为什么制订学习计划有利于实现学习目标呢？计划是一个达成目标的方法，是"看得见"的未来，具有很强的激励作用，还具有约束性，可以避免散漫、拖拉。

学会制订一份切实可行的学习计划

制订一份切实可行的学习计划，既能激发自己的学习动力，又不至于有压力，非常有利于实现目标。

1. 先要自我分析

制订学习计划，先要做自我分析，分析自己的学习状况，各方面的优劣情况，具体到每一科的学习状态，这样在制订计划的时候才能合理安排时间、扬长避短。

2. 考虑到学校的学习安排

每个学期开始前，老师都会对这一学期的学习进度做个规划，开学了就公布给大家。学生的学习计划要配合老师的规划才能保证学习进度和学习效率。

3. 算好自己可以支配的时间

学生可以自己支配的时间一般包括上课时间和课余时间。上课时间，学生要跟上老师的思维，集中精力学习。制订计划要保证听讲效率，能当堂掌握的知识就当堂掌握，能当堂完成的作业就当堂完成。

课余时间包括寒暑假、节日、周末、放学后的时间等。这些时间做什么，都要一一写在计划里，包括要用多长时间复习旧功课，多长时间预习新功课，要阅读哪几本课外书，做多少作业，等等。

上课时间利用得好，课余时间就可以多玩耍。课余时间利用得好，上课听讲效率就高了。

4. 实施计划时，要结合实际情况

计划是对未来时间的一个预期的安排，但是明天的真实情况跟预期一定有出入。所以，实施计划的时候，不要死守，要按照实际情况来具体安排。

5. 制订计划要考虑效率问题

当大脑持续学习一段时间或者学习一个科目太久的时候，就会疲劳，使活动能力下降。男孩安排学习时间的时候，可以各科交叉进行。这样，大脑兴奋的部位变换了，原来的部位就获得了休息。

追求高效，才不会成为时间的"奴隶"

崔晓强特别会管理时间。改正作业的时候，崔晓强会同时把错题抄到错题本上，以便能在复习的时候轻松找到，进行重点记忆。背诵课文的时候，崔晓强会闭上眼睛，不让自己走神。日常生活中，学习任务比较多或者时间比较紧，他会利用等车、去超市排队结款的时间，回忆老师上课讲的内容，或背几个单词。

时间需要管理才不会浪费

很多孩子学习成绩不好，不是不够用功，也不是不爱学习，而是不会管理时间，对时间的利用率不高。具体表现为分不清学习任务的轻重缓急、不懂得合理分配时间。以至于总是觉得时间不够用，无法照顾到学习的每一科目。一句话概括，就是不懂得时间管理。

对于学生来讲，时间管理的目的就是要提高单位时间的学习效率。通常可以从两个方面来衡量：一是看到底有没有达到预期的效果，比如，做完作业，掌握了所学知识；二是看看完成某个学习任务所花掉的时间多少，如果总是比别的同学耗费的时间多，那么说明学习效率不高。

学习效率决定学习成绩。要想取得好成绩，提高学习效率是一个重要的途径。提高学习效率的方法很多，最为有效的一个方法就是管理好自己的时间。事实证明，凡是成绩好的学生、事业有成者，都是卓越的时间管理者。

做好时间的规划师

对于贪玩的男孩来讲，玩起来时间就如同白驹过隙一样转瞬即逝，非常耽误学习。为了让男孩很好地自我约束，他们有必要掌握一些时间管理方法，以提升时间利用率。

1. 事先规定任务完成期限

巴金森在其所著的《巴金森法则》中写下这段话："你有多少时间完成工作，

工作就会自动变成需要那么多时间。"升入中学的男孩，学习科目比较多，作业内容也很杂，为了不让单项内容花费更多的时间，男孩不妨在做作业之前给每项任务规定一个完成期限，这样就能大大提升学习速度。

2. 列清单，合理安排时间

把自己要做的每一件事情都写下来，明确自己手头的任务，能够产生紧迫感。在此基础上，合理安排时间。

第一步，在学习上，有轻重缓急之分，这就决定了先做重要的、着急的，把不重要的、不急的放在后面去做。

所以，要先列出将要完成的学习项目，将这些项目按重要性排序。这样，在做的过程中就能感到胸有成竹，做起来才会有条不紊。

第二步，了解自己可以支配的时间有多少。要把各个空闲时间段都算进去，除去正常的交往、休闲要用的时间，就是可以安排学习内容的时间。要清楚自己的时间分别适合做什么。比如，清晨适合阅读和背诵，晚上适合预习，学校里的自习时间适合复习、写作业，周末时间适合阶段复习。

第三步，一次安排时间不宜过长，可以根据自己的实际情况来确定，但是一次学习时间一般在一小时到一个半小时之间。然后就合理安排休息时间。比如，背诵一段时间后，感觉累了，就要休息一会儿。疲劳一消除立即接着学习。背诵的内容只有经过反复记忆，才能牢固掌握。休息的时候，可以站起来运动运动，做做简单体操、喝点儿水、吃点儿水果、闭目养神几分钟，也可以看看其他学科的内容。但是，绝对不能读小说、看电视、上网玩游戏，以免沉浸其中，思路不容易回来。

3. 利用好生活中的零碎时间

生活中的零碎时间很多，比如等老师上课的时间、睡觉前的几分钟、等车的时间、锻炼结束后的休息时间、出行的路上、饭前饭后的时间、等人的时间、散步的时间等。利用这些时间背诵几个单词、回忆一节课的内容、默记一个概念，都会收到"聚沙成塔"的效果。

懂得珍惜时间的孩子，会事先将难题和需要背诵的单词、生字、生词、诗句等记在小卡片上，带在身上，有机会就拿出来默记。

要明白：打扰是第一时间大盗

只要男孩有手机，就会在最不想接电话的时间接到某个要么低沉要么温柔的声音要你买保险。向你推荐某个投资项目，被打扰的你有怨气无处发泄，最明智的做法就是把这个号码列入黑名单以拒绝第二次被打扰。

只要男孩有朋友，就会遇到在你不想接见客人的时候对方来找你玩，也会遇到在你咬着牙背单词的时候对方拉着你去踢球，怎么办呢？最理智的做法就是坚定地拒绝对方，能做到吗？这就要看你的"修行"够不够了。

把学习当成第一位的事情

男孩学习的时候很怕别人打扰，如果放下学习去迎合别人，过会儿就很难进入学习状态，不能保证完成学习任务。毕竟，对一个学生来讲，学习才是第一位的事情。

日本专业的统计数据指出："人们一般每8分钟会受到1次打扰，平均每次打扰大约是5分钟，每天总共大约4小时，其中80%（约3小时）的打扰是没有意义或者极少有价值的，而人被打扰后重拾原来的思路平均需要3分钟，总共每天大约就是2.5小时。也就是说，每天因打扰而产生的时间损失约为5.5小时，按8小时工作制算，这占了工作时间的68.7%，所以说"打扰是第一时间大盗"。

学生每天受到的打扰主要来自同学、家长，这些打扰占其每日时间支出的很大比例，这就要求学生必须学会拒绝打扰，对于无意义的打扰要学会礼貌地拒绝。做一件事情，目的越明确，越容易成功。成功教育理论认为："学生的学习动力，首先来自成功的期望及由这种期望产生的激励力量，成功期望是一种潜在的动力。"

心理学研究表明，具有成就动机的人参加任何活动总力求取胜；喜欢接受挑战；面对挫折和困难表现出极大的韧性和毅力，不达目的决不罢休。学习成功的动机越强烈，调动起来的促使成功的因素越多，力量越大，越能够排除一切干扰，把精力用在正事儿上。

要想孩子学习好，就要帮助孩子树立起"为自己而学"的信念，使孩子化被动学习为主动学习。学习目的很明确，学习是为了自己的生存，为了自己的发展，还有什么比这更有动力呢？

巧妙拒绝别人的打扰

拒绝他人不容易，难以开口，怕伤了感情。但是，勉强答应，耽误了自己的事情，心里也会不舒服，也不见得就不会在两人之间形成隔阂。所以，该拒绝的时候就拒绝反倒留给别人一个干脆、果断的印象。如果能够做到在拒绝的时候不让对方不舒服，就更完美了。

1. 确实很忙，学会说"不"

有些时候，我们很忙，朋友造访，本想拒绝，却说不出口。因为特别忙，没有时间替别人做事，但是碍于情面却答应下来，给自己留下长久的不快。

遇到这种情况的时候，最好的解决方案就是直接说"不"。虽然这只是简单的一个字，但如果使用得当而且及时的话，可以保证做自己的事情。

2. 真诚拒绝

和同学在一起，同学发出邀约，如果自己已经有了安排，那么就大方、坦率地说出不能接受的理由。这么做，既让同学感受到了尊重，自己也不为难。

3. 可以自言自语

当不好意思拒绝某事的时候，可以把自己当下要做的事情说出来，像是自言自语地描述。这样，别人也感受到了你确实没时间，就不勉强了。

用网络学习工具书，节省学习时间

有一个学生，他在学习英语或者阅读英语文章的时候，经常用手机上网查阅不认识的单词，然后在单词旁边简单地标上汉语意思。他还在手机上安装了一个英语学习软件，等车、睡前、等餐的时候就看几眼，这对提升英语成绩很有帮助。

老师说，要想把英语学好，就要利用英语来思考，要多读多记，不然就不能真正掌握英语这门功课。

从那以后，这名学生遇到生词就查阅英英对照的纸质词典。这类词典以英语解释为主，需要用英语进行思维，强化了语感，训练了英语思维能力。虽然刚开始比较费劲，但是时间长了，英语表达能力大大提高，学习的时候更加得心应手了。

工具书能够促进学习

工具书是能够"指引读书门径，解决疑难问题，提供参考资料，节省时间精力"的好老师。特别是电子信息技术高度发达后，网络教育普及，电子产品克服了大部头字典携带不方便的缺点，工具书更有利于学习了。

在学习中，充分利用工具书，及时扫清学习上的障碍，学习会变得更轻松，更有劲头。工具书不仅能够提升学习兴趣，还能扩大学习知识的深度和广度。

一定要学会使用工具书

有效地选择工具书能够促进学习。那么，中学生常用的工具书有哪些呢？

1. 常用工具书

工具书的种类很多。阅读或者学习过程中遇到难字、难词，不明白的成语典故的时候，可以查阅字典、词典。

如今网络发达，在家里有电脑上网，在外面 Wi-Fi 覆盖区可以用手机上网，如今的电子产品都置入了学习软件，可以轻松便捷地查阅相关内容。

在学习中，要了解国际、国内时事资料与统计材料，需参考年鉴、手册。

研究问题、写作文必须广泛地收集材料，需要借助各种书目、文摘、索引、百科全书、类书、政书等。

在中小学阶段，常用的工具书就是字典、词典、百科全书等。

2. 不可忽略的学习工具

在学习上除了要使用那些典型的工具书来帮助学习外，为了取得好成绩，还要利用好几种独特的书。

第一，教科书。

课本，就仿佛是学习的根据地，基础知识的精华都在课本上。初中阶段所学的各种定理、公式，在课本上都有具体的推导过程，仔细阅读这些重要的知识点，有助于理解和掌握。

第二，教辅书。

市场上的教辅参考书很多，最好选择非常贴近教学大纲的那种。而大多数教辅书都大同小异，所以，只需吃透一本就足够。当然，如果基础知识已经扎实掌握，是可以多选几本的。

选择教辅书，最重要的一点是看看是否涵盖了教材所讲内容，题型是否具备难、中、易三种。

第三，试卷。

考试，是检验知识掌握程度的好方法。每一次考试，除了能够搞清自己哪部分知识掌握住了，还能够找到没有掌握住或者一知半解的那部分，有利于发现学习过程中的薄弱环节。改善薄弱环节需要一个过程，需要在各阶段的复习过程中多看几遍。这样，试卷就成了检验自己对知识掌握情况的重要参考资料。

第四，各种笔记。

最常见的笔记就是课堂笔记。这个笔记是课本知识的浓缩，是老师讲课思路的文字记录，也是重点内容的集结地。在复习的时候，笔记是重要的参考资料，能够一目了然地把重点内容展现出来，避免漏掉重点内容，也可以节省很多时间。还有就是在学习过程中记录的各种学习心得、感悟，都是很重要的参考资料。

第9章
青春期男孩性格派

——增强自信，乐观向前

俗话说，好性格，好命运。在学习上也是这个道理，男孩在学习上表现出坚毅、沉着、乐观、自信的倾向，不但会形成好性格，还能做个好学生。

学习急不得：改变"快速完成心理"

程浩说："一写作业我就着急，恨不得分分钟写完。我不断提醒自己快写，作业太多了！其实也没有什么重要事情等着去做，但就是想快速写完。即使玩游戏也喜欢玩些快速解决战斗的游戏。"

当成绩越来越不理想的时候，程浩觉得这种"快速解决战斗"的心理要不得。在学习上囫囵吞枣，很多知识没有细琢磨，模棱两可就过去了，特别是难点问题，根本没有理解。

"快速完成"是急躁倾向

写作业、考试、记忆知识、温习功课的时候，男孩急着完成。这是为什么呢？想快快做完，然后去干别的事情。中学生当然懂得学习是第一位的事情，但是玩耍的诱惑力也很强。好朋友在等着一起出去打篮球，能不着急吗？快点儿写完作业就能有时间玩游戏，能不着急吗？

学习的时候，如果过于追求速度，很多相近的字词、相似的数字、似曾相识的题目，来不及仔细区分辨认便写了下来，一定会急中出错。

当男孩对学习任务的多少、需要多长时间完成没有正确估量的时候，就会瞎着急，这暴露了男孩在学习上的不自信。男孩在学习上的自信心一方面来自良好的学习成绩，另一方面来自父母的支持、鼓励、肯定。爱着急的男孩要思考一下，父母是否不断给自己压力，如果是，就跟父母谈谈，告诉他们自己压力太大，不要老是在自己面前唠叨了，已经导致了急躁情绪，影响了学习。

纽约市佩斯大学研究生部主任丹尼尔·鲍尔说："急躁可能引起焦虑和敌意，如果你总是忧虑，睡眠也会受到影响。"在学习上，情绪过于急躁不利于深入理解、消化所学知识，也不利于准确运用所学知识，可以说，急躁是学习的大敌。

不断自我修炼，做到不急躁

初中所学的知识在深度和强度上都比小学增加了很多，而且青春期的孩子已经感受到了成长压力，内心常处于矛盾中，很容易出现急躁情绪。但是，男孩一定要明白学习是个循序渐进的过程，在这个过程中，除了学习知识外，还要提升学习能力，养成良好的学习习惯，才能真正获得好成绩。因此，不可以急躁。

1. 提高内在素养，控制急躁脾气

自私的人太在意自己的感受，稍有不如意就情绪激动，甚至暴跳如雷。男孩要学会放宽心，心中装着更多人，即使不满意，也不要乱发脾气。

思想富有、物欲不高者，常不以物喜、不以己悲，少有怨天尤人和患得患失，这就从根本上切断了急躁易怒的源头。在学习上，男孩要树立正确的学习观，即学习是为了获得知识，而不是"考第一"。这样，即使某次考试成绩差，也不会因此而生气，在写作业的时候，也不会匆匆忙忙完成，而是一丝不苟认真思考。

2. 不与他人比较

有时候急躁是盲目比较导致的。有的男生平时喜欢跟人比，别人比自己写得快，于是就加快速度，草草完成。学习是个人的事情，跟他人无关。学习的受益者是自己，好好学习，获得知识和技能，就提升了自身的竞争力，未来就更有前途。男孩要记得耐心学习、准确掌握知识，无须跟别人比。

3. 扎实掌握知识

一名初三的学生说，自己很后悔在初一、初二的时候没有用心学习，现在想补回原来欠下的账深感力不从心。所以他想对学弟学妹们说，学习是个积累的过程，一口是吃不成个胖子的。

学长的肺腑之言，男孩要听一听。学习是个持续积累的过程，好成绩不可能"忽如一夜春风来，千树万树梨花开"，着急不如每天用功，扎实掌握各科知识。

及时、彻底解决问题，增强自信

范波是一个初二的男生，学习成绩一直不错，在学校住宿，每周回家一次。最近，妈妈发现这个孩子回家后不是很开心，问是不是发生什么事情了，范波说没有，只是学习有些累。

儿子回校以后，妈妈就查看了儿子的书桌，发现了一个纸条，是儿子自己写的：上学真没劲！想想每天要和这样的几个人坐在教室里，心口就堵得慌。都是什么人呢？称呼他们为人，真有点儿对不起"人"这个词！

妈妈担心儿子出事，跟班主任联系，班主任说，范波请假了，没来上课，正要跟家长联系呢。妈妈立马给儿子打电话，手机关机。妈妈又赶紧发动了家里所有的亲戚，帮忙去找儿子。

一位亲戚看到男孩 qq 亮着，马上报告了派出所。派出所警察很快锁定了男孩上网的网吧，一家人把范波带回了家。

原来范波很喜欢上网，但是功课忙，就克制自己很少玩。现在有了死的念头，要在死之前好好玩一天。怎么会想到死呢？起因是这样的，同宿舍一个同学丢了钱，那天，就他单独在宿舍待过，大家怀疑是他所为。现在，宿舍的好多同学都不和他说话了，任凭他怎么解释都不行。

人生有了这样一个污点，还怎么活啊！于是，他想到了死。

优先采取"问题中心·策略"

当下有的男生心理承受力很差，被老师罚站承受不住就自杀、觉得被女同学抛弃了就寻死觅活、一次考试成绩差就不吃不喝，十几岁了，也称得上男子汉了，小小男子汉何以如此经不起摔打呢？

一方面，与生活环境有关。独生子女家庭，父母加上祖父母、外祖父母，六个成年人围着一个孩子，谁都想照顾一下、疼爱一下，爱护的尺度很难把握。一旦什么都替孩子做了，孩子犯了错误也不忍心纠正，那么，孩子的做事能力、解决问题的能力就会很差，遇到问题就会束手无策。

另一方面，与男孩的后天成长有关。如果男孩遇到困难习惯采用情绪中心策略，就会围绕着改变心情做文章。为了减轻伴随问题而来的情绪与压力，换个角度去看问题。比如，考试成绩不好，明明是没有努力，却归咎于自己身体不舒服没有复习好，于是就没有烦恼了，更不会焦虑和不安。如果困难再大一点儿，就会采用回避策略，远离这件事，去做轻松快乐的事情。

这两种方法虽然可以暂时减轻或削弱心理痛苦，避免精神崩溃，减轻失望或失望感受，缓和伤感经验和情绪感受，消除个人内在感受与客观现实之间的冲突，在具有危险的冲动中保卫自己。但是，长期这么做，养成了习惯，遇到一丁点儿困难就选择逃避，从不去考虑更有效的解决方法，而在歪曲、掩盖或否认现实时浪费了许多自我能量，人格发展受到影响。长期这样，可能导致社会适应不良，遇到大问题手足无措。

男孩若养成遇到问题采取"问题中心策略"的习惯，麻烦来了，就不会逃避、忍让、退缩，而是想办法解决问题。

如何使用"问题中心·策略"

遇到考试失败、回答不出问题、学不会知识等情况，如果不想办法解决，内心会无比痛苦、不安、焦虑，影响身体健康，不利于学习和生活。只有使用"问题中心策略"把问题解决掉，让内心恢复平静，才能安心学习和生活。

1. 找到问题所在

当男孩发现学习成绩不是很好甚至很糟糕的时候，就要警惕了！这样的结果说明学习过程存在着严重的问题，可能是学习方法不对，也可能是没有养成良好的学习习惯。应根据一段时间的学习情况，找出问题所在。

2. 想出解决问题的办法

遇到不好的事情，情绪会一下子变糟糕。这个时候，找个安静的地方，让自己安静下来，想一想，事情为什么会这样？怎么解决呢？想出一个解决办法。如果不能确定这个办法是不是很合适，就讲给父母、老师或者要好的同学听，听听他们的意见，然后确定导致事件的问题所在，开始集中精力解决问题。

坚持去做，不放弃

周末，全家去郊外玩。一听说要钓鱼，小强立马占下了一根鱼竿。他很兴奋地表示，一定要多钓几条大鱼，做红烧鱼解馋。爸爸耐心地教会了儿子钓鱼的技巧。

小强像爸爸那样稳稳坐了下来，热切地盼望鱼上钩。不到一刻钟，小强就有点儿不耐烦了，嘴里嘟嘟囔囔："怎么还没有鱼呀？"掏出手机，开始玩游戏。

临近中午的时候，小强玩累了，回到湖边，看到爸爸的水桶里已经有两条鱼了。他准备收竿。爸爸发话了："怎么不钓了？"小强说："一直等在那里，也钓不到鱼，还不如收了竿，去车里睡会儿呢！"爸爸笑了："耐心点儿，再坚持一会儿，说不定鱼就咬钩了呢。钓鱼如学习，不坚持，不会有收获！"小强半信半疑地学着爸爸的样子坐下来。他下定决心，一定要坐住，让今天有收获。

坚持的过程，自身能力会提升

钓鱼其实是一门很深的学问，需要有耐心。耐心等待，就是坚持放鱼饵在水中，诱惑鱼上钩，只要等得足够久，钓鱼技术到位，一定会等到鱼上钩。学习、工作也是这个道理，坚持做下去才能成功。

坚持，体现了意志品质的坚韧性。坚持不懈地努力，战胜各种困难，永不退缩，不屈不挠地向各种既定的目标前进。

在实现所做的决定的过程中，都会遇到许多困难，这个时候，坚持下去，体现了一个人的意志品质。意志薄弱者，就容易放弃，意志强大的人，就能够克服内心冲突、干扰以及外部的各种障碍，百折不挠，矢志不移。

有一位教练曾经这么鼓励他的队员。

当球队连输了十场比赛后，队员们个个垂头丧气，已经没有再战的信心和勇气了。教练问："你们要放弃吗？"球员们耷拉着脑袋不说话。教练问："如果今天是篮球之神乔丹遇到连输十场，他会放弃吗？"球员说："不会放弃！"

教练又问："假如今天是拳王阿里被打得鼻青脸肿，他会选择放弃吗？"球员说："不会！"教练又问："迈克会不会放弃？"球员说："他是谁？没听说过！"

教练笑了，他说："迈克就是那个选择放弃的人，所以，我们从没听过他的名字。"

如此一番鼓励后，球员们又昂首作战了。

做事情，只要不放弃，就有机会成功；放弃了，肯定不会成功。如果你没有体验过成功，一定是经常选择放弃，放弃让你丢掉做事的信心，觉得自己不行。所以，放弃是成功大敌。

做个不放弃的人

人一生要做很多事情，学习、工作、生活，哪一件都不会一帆风顺。在做事情的过程中，很可能会遇到阻碍，事情进展得不够顺利，这个时候成功就取决于是否不放弃。

1.建立一种认识：失败是暂时停止的成功

过去不等于未来，这个道理我们都懂。再进一步延伸，今天失败了不等于明天会失败，没有必要因此停止追求成功。

当男孩懂得了"失败是暂时停止的成功"这样一个道理后，就能成为一个不放弃的人。

2.坚持到最后一秒：行百里者半九十

俗话说：行百里者半九十。做一件事，即使完成了百分之九十，如果不继续坚持下去，也是没有成功。与完成了一半的区别在于，多花费了一些力气。在百分之九十的时候，可能是难度最大的时候，最难以控制自己的时候，更需要加把劲，不放弃。

两个喜欢喝酒的人，向传说中的酿酒大师讨要秘方。大师告诉他们："选端阳那天成熟、饱满的大米，与冰雪初融时高山飞瀑、流泉的水珠调和，注入千年紫砂土烧制成的陶瓮，再用初夏第一张沐浴朝阳的新荷叶裹紧，密闭七七四十九天，直到凌晨鸡叫三遍后方可启封。"

两个人按照秘方做了，就等待第四十九天启封的时刻了。第四十九个夜晚降临了，两个人都睡不着觉了，他们期待着喝上醉人的美酒。从天黑起，两个人就竖起耳朵等待鸡鸣的声音。第一声、第二声，马上就是第三声了！可是，第三声迟迟不来。两个人心跳加速了。他们甚至怀疑是不是第三声已经叫过了,他们没听到。

其中一个再也按捺不住,他等不下去了,迫不及待地打开陶瓮,结果,他惊呆了。坛子里是一汪水,混浊,发黄,尝了一下,酸、苦、涩,世间再也找不出比这更糟糕的味道了!

另外一个人,伸了几次手,还是忍住了。直到第三声鸡鸣响彻云霄,东方一轮红日冉冉升起。他兴奋地打开陶瓮,品尝到了清冽甘甜、沁人心脾的美酒。

最关键的时刻也是最难熬的时候,忍住痛苦,坚持下去,你就成功了。

3. 坚持"每天进步一点点"

有的人之所以不能坚持下去,就是没有看到自己的进步。其实,每个人每天只要在努力,都有进步。准备一个本子记录下当天的进步,满足感会激励自己继续坚持。

一对相爱不相杀的孪生兄弟：
乐观和自信

对于年轻人来讲，恐怕没有几个不知道徐小平。他创立新东方、"真格"天使投资基金，专门与年轻人打交道。但是，深刻感知他的乐观精神的人，恐怕不多。

有记者问徐小平，投资的成功率是多少？他说，是百分之百。因为不成功的都忘记了。

记者又问他，中国的互联网创业，尤其是移动互联网的创业，在投融资领域，有没有泡沫？他说，世界上很多美好的东西都是由泡沫组成的，在天使投资这个领域没有泡沫，因为再多的钱来支持创业者，在他看来，都是不够的。

他的投资都是拍脑袋做决定，但他完全以此为傲。虽然有很多失败的，那又能怎么样呢？反正钱赚得足够多，而且失败的也都忘记了。

可以看出，徐小平是一个乐观的人，同时也是一个自信的人。

做事有个乐观态度，能增强自信

乐观是一种阳光、积极向上的态度。乐观的人不是看不到困难，而是充分相信自己的能力，即使克服不了困难，也能迈过去。

乐观者很强大，即使身处危难中也不绝望，会以很快的速度爬起来。

索尔伯格和同事曾做过一个大样本的大学新生辍学研究。他们在第一学期通过心理测验将新生分为两种类型：乐观型和悲观型。一个学期后再分别统计这两类学生的辍学率，发现悲观学生的辍学率是乐观学生的 2 倍。这种差异还表现在学生的学业成就上。心理学家在长期的研究中发现：乐观的学生在面对困难任务时更可能发挥出高水平、取得更好的学习成绩，在体育运动等方面也表现得更出色，同时还能显著提高社交影响力。

乐观能显著提高人的生命质量。心理学研究发现，乐观的人一般身体内因压力感而产生的肾上腺素及压力激素不会过多，因此不易成为压力的受害者，更不会导致免疫系统大伤的惨状。

乐观能提高个体的心理健康水平。心理学家发现，一种乐观积极的态度，以及懂得珍惜、肯定生活中小小成就的智慧，才是创造快乐平和心境的关键。儿童心理学家马丁·塞利格曼认为：乐观不但是迷人的性格特征，还有更神奇的功能，它能使人对生活中的许多困难产生心理免疫力。乐观的孩子不易患忧郁症，他们也更容易成功，身体也比悲观的孩子更健康。

乐观能够促进学习。一个乐观的人不会让消极情绪随意蔓延，而是能够尽快振作起来。情绪会影响大脑功能，起到促进或阻碍认知与记忆的作用。

退一步，降低成功的标准

乐观没有那么难！从今天起做个"乐天派"，失败了一笑而过，遇到不如意的事情快速放下，遇到悲观的人开导一下，积极改变不如意的状态……这都是乐观的表现。

1. 给消极事件加点儿糖

任何人都有可能碰上消极事件，多次品味消极事件，如果实在苦涩就加点儿糖，直到品出甜美，这个过程就能提升从所经历的消极实践中获取积极成分的能力。

有位"乐天派"丢掉了手机，瞬间失去了与公司、朋友、家人的联系，忍不住一边诅咒那个偷他手机的人一边寻找商场买一部手机。阳光很好，走着走着，后背就热了。周身的血液加速流动，很舒服。他意识到，好久没有这么悠然地"压马路"了，好久没有这么舒服的感觉了。他的心情越来越舒畅，路过了好几家商场都没有走进去，此时，买手机变得不重要了，他舍不得因为买手机而放弃这么美好的感觉。

走路竟然这么好！以前走得太少了，以后应该多出来走走了。这么想的时候，居然有点感谢那个偷他手机的人。他甚至觉得自己不该用"偷"字，而是自己不小心丢掉了手机。甚至感谢老天让他丢了手机。

看看，如果能从积极的一面看待消极事件，心情就不一样了，这是乐观处世的态度。

2. 降低成功的标准

做成一件事会带来满足感，提升自信。相反，做不成事情会打击自信。青春期男孩比较脆弱，失败的时候受到的打击更大，为了避免伤害，可以把成功的标准降低一点儿。

比如，参加某项活动的目的，不要定位于拿奖而是提高该项活动的能力；参加比赛是为了锻炼心理素质而不是一定要拿名次。事先有了这样的低位心态，就不会因为失望而降低自信。

3. 开导悲观的父母

家人之间是互相影响的。如果你的父母比较悲观，那么，你就乐观起来，当他们灰心失望的时候，多多开导他们，说服和宽慰的过程，不但影响了父母的心情，也提升了自己的认识。

4. 学习伟大人物乐观的品质

男孩到了青春期，就有了"成人感""成就意识"，会崇拜一些有成就的人、大人物。很多大人物身上都具有乐观的品质，如果多阅读伟大人物的传记、观看以他们的事件改编的电视剧，从他们的经历中学习为人处世的方式，不知不觉就习得了豁达、乐观的品质，不向困难低头。

5. 发展友谊

乐观的反面是悲观。悲观多与孤独、不善言辞、消极等词语联系在一起。一个生活在温暖友情中的孩子，他的内心温暖而快乐。多交朋友，多帮助他人，在充满友谊的大家庭中感受温暖，心胸就会变得开阔。

你可能不知道的读书收获

2012 年江苏文科最高分许琪最大的爱好是看书，自己就是个不折不扣的"书痴"。许琪说，自己看书很杂，连菜谱都能看得津津有味。"我爸爸有个书橱，我就翻里面的书看，对旧书特别热衷。尤其喜欢看历史类的和国外的小说。"

许琪的作文一直就不错，曾在学校的巴金杯文学创作大赛中获得一等奖。她高考那年的作文题是《忧与爱》，这对文学功底深厚的许琪来说，倒是对了胃口。"我写的是议论文，引用的是第三段材料，论点是'忧虑使得缺心的爱圆满'。随后我引用了很多例子，对此进行了剖析。应该说，分析得还不错。"

读书有利于形成积极的学习观

我曾经读过一篇文章，作者讲了一个故事，说他去帮一户人家搬家，忙了大半天，装了两个大卡车。家具倒是不多，连床都是那种铁架子的简易床，但书装了半卡车。这户人家的丈夫在大学任教，妻子当幼儿教师，家有两个孩子，是一个普通家庭。

而有一些中小学生家长和老师不允许孩子读"闲书"，当下的中国孩子的课外阅读量和课本阅读量相比还是小一些，孩子把更多的精力花在了学习课本知识上，却不曾想到，忽略阅读重视学习不利于孩子学习进步。

价值观是主体按照客观事物对其自身及社会的意义进行选择、评价、判断的原则、信念和标准。价值观是思想意识的核心，对于人的思想和行动具有一定的导向和调节作用。个人的价值观影响着个体对各种观念、事物和行为的判断，使个体发现事物对自己的意义，确定自己奋斗的目标，做自己认为有价值的事情。

中学阶段是人生观、价值观形成的关键期，男孩能否积极、主动地学习，在于男孩是否确立了"学生一定要好好学习""学习是学生的本分"的价值观。

小学阶段孩子是在父母的帮助、监督、管教下读书学习，带有一定的被动性，如果到了初中阶段还是这样，那么，孩子就会因为在学习中缺乏主动性导致学习效率不高，学习效果也很差。中学阶段，学生需要形成积极的学习价值观，才能做好自我管理，才能协调好时间和精力。

读书有利于中学生形成正确的学习观。高尔基说："书，是人类进步的阶梯。"文字是思想的载体，是人类的营养品，是人类知识的源泉。男孩可以从书中获得自然科学的、情感的、文化的、哲理的多方面知识，开拓思维、丰富大脑。中学阶段是学习的关键期，多读书，可以扩大知识面，增加知识量，丰富思想，锻炼思维，提升判断力，激发正能量。

如何做到多读书

中学阶段功课比较多，生活内容也比较丰富，加上网络、微博、微信等现代化的通信方式，灵动好奇的男生要想安静下来读一本书已经不是那么容易，需要花费一些心思。

1. 把读书节目固定下来

如果把读书当作一档固定节目，就像电视台安排的《新闻联播》一样，每天有30分钟的时间用来读书，那么，时间久了，想不读书都难。别小看这30分钟，只要坚持下去，阅读量就会大增。而写作能力、思维能力也会在不知不觉中发生变化。

这30分钟安排在哪个时间段合适呢？

周一到周五，当然是晚上，可以是晚饭后或者睡前。节假日，安排在一日三餐哪一餐后都可以。

2. 不光要读，还要记

一说记，男孩有点儿犯怵，在学习过程中需要记忆的内容太多了，读书还要记忆，顿时没了兴致。这里的记，不是背诵，而是理解、复述、做笔记。这样的记显得更随意，更自我，更有利于提升阅读效果。

男孩可以一边读，一边在喜欢的段落、句子下面做标注，标明这些文字为什么好。遇到不理解的句子、知识点，查阅相关资料后标注下来。如果哪段的写法不喜欢，可以试着自己写一写。等一本书读完后，试着回忆一下整本书都写了什么，并记下来。

3. 跟着课本读书

在各科学习的过程中，都会涉及一些名人以及名人撰写的书籍或者名人生活的历史环境，找到这些书来读一读，不但能够提升学习兴趣，还有助于理解课堂所讲知识，记忆起来也很容易。

第 10 章
青春期男孩精进派

——勤奋，让学习变得高效

　　谁不想学习像芝麻开花一样节节高呢？谁不想快速完成学习任务呢？学习精进是每个学生的梦想，尤其是在奔向高考的路上，任务重、时间紧，大家恨不得一步登天。如果男孩足够勤奋，一丝不苟地学习，这样的期待一定不是遥不可及的梦想。

勤奋是一种积极的人格特质

有一位北大高才生，谈起自己的成功经验，他说，成功没有捷径，勤奋才是成功最可靠的保证。高中三年下来，他积攒了六本改错本，仅仅数学一科就用了三麻袋草稿纸。

在学习过程中，对于所学知识，尽量做到堂堂清、日日明，决不在当天留下知识的死角。

李明有几个很便捷的活页本子，每当吃饭排队的时候，总会拿出来翻看几眼。在课堂上，为了避免走神，李明总是跟着老师的眼睛走，对于老师所讲的内容，积极地回应。

中学阶段是否勤奋决定一生成败

有一项著名的调查，是一家研究机构对许多70岁以上老人的调查，问题是"你一生最后悔的是什么"。结果，77%的老人选择的答案是"年轻时不够努力，以致现在没有多少成就感"。而选择"没有挣到更多的钱"和"错过了美好的爱情"的不到10%。

为什么年轻时的努力决定一生的成败呢？

中学阶段，是建立自我认识的关键期。

心理学家埃里克森认为，青少年阶段是一个迅速发展的时期，这是一个成年期之前相对短一些的准备阶段。青少年阶段可能是人的一生中最困难的时期。以前，儿童只是对游乐场感兴趣，遇到的问题也很简单，现在突然要应付生活中的重要问题了，这种跨越造成的混乱使得青少年感到烦恼甚至痛苦。

青少年开始提出这样一个重要的问题："我是谁？"如果对这一问题的回答是成功的，他们的同一性就将形成了，同一性形成后，他们能独立决定个人价值观，理解自己是怎样的人，接受并欣赏自己。

如果男孩足够勤奋，努力学习，那么，他的学习成绩就会很不错，他就会觉得自己是一个擅长学习并且能够学习好的人，认为勤奋是获取成功的重要因素。以后，不管在哪里，不管做什么，为了实现目标，他们都会勤奋努力、坚持不懈。

如果男孩没有建立起自我认同感，不知道自己想干什么、能干什么，就会陷入迷茫和困惑中。即使到了成年，也稳定不下来，今天干这个，明天干那个，无长性、无定性，一生一事无成。

男孩要想出人头地，就要勤奋

每个男孩都想有一个美好的未来，要实现这一愿望，需要从现在起就勤奋努力。

1. 勤奋学习，掌握知识

谁都想"会当凌绝顶，一览众山小"，要达到这个高度，离不开扎实的基础知识。学习是一个连续的过程，一般包括预习、听课、复习、写作业、再复习几个步骤，如果每一步都踏踏实实地做好，需要体勤、脑勤，不偷懒，这样才能扎实掌握基础知识。

2. 勤奋努力，发展兴趣、特长

到了中学阶段，一些男孩的特长、爱好已经显现出来了。想要在这个范畴里选择未来的职业，男孩从现在起就要更加勤奋努力，刻苦学习。

贝克汉姆小时候体质很差，与同龄人相比很瘦弱，这一不利因素增加了从事足球这种对抗性很强的运动的难度。不过贝克汉姆对足球有一种别人不可比拟的狂热，贝克汉姆选择了对抗性较弱的中场，拼命地练习传球、任意球。那时候虽然很苦很累，但贝克汉姆却乐此不疲，当其他男孩都在疯闹时，贝克汉姆却在不停地训练。

贝克汉姆的父亲很严格，经常会让贝克汉姆和一群大人踢球，以此来锻炼他的对抗能力。贝克汉姆训练刻苦，经常在大雨中练习射门，在少年俱乐部的时候，大家都训练完回家了，贝克汉姆会留下来练习任意球，他可以不用助跑就把球踢得又远又准。

贝克汉姆的成长经历可以说明，没有天赋时，只要足够热爱、足够努力，就能达到一定的水平，实现自己的梦想。

有天赋时，也需要勤奋努力。

在母亲的引导下，德拉梅尔自幼对文学充满兴趣，显示出文学天赋。怀抱作家梦，他坚持从基础学习。为了能够准确使用词汇，德拉梅尔刻苦研究各类语言工具书。他坚持每晚在废纸上练习，有时记录天气状况对蜜蜂、猩猩的影响，有时描绘太阳升起的场景，每晚都学习到深夜。在掌握了扎实的文学基本功后，德拉梅尔开始尝试通过模仿创作作品。他仔细研究比较不同的写作手法，最终建立了自己的写作风格。就这样，德拉梅尔凭借勤奋努力，最终成为一代名家。

3. 勤奋努力，进入高等学府

目标对行为有约束力，是学习持久的动力，考大学是每个男生的梦想，这样的目标能够激励男孩努力奋斗。对于不够勤奋的男孩，制定学习目标可以抑制玩心，增强学习积极性。

杨晓是个非常贪玩的孩子，学习成绩一直是中等水平，自从决定要考重点高中后，他就给自己制定了一个详细的学习目标，把每天的课余时间分配好。实施一个月后，他的成绩大幅提升，让老师和同学刮目相看。杨晓越学习越有动力，终于如愿以偿地进入了重点中学。

数码产品带来了方便，但是不能懒惰

一个高一的男生，跟表哥去大学蹭了一次课后，学了一招，上课不记笔记，用手机拍老师的课件。他平时上课就不喜欢记笔记，只是听到重点在书上标注和描画出来，课下再借同学笔记整理。这回，先拍照再整理很潇洒啊！可是，几节课下来，该男生感觉并不好，拍照的时候漏掉了好多讲课内容，一节课下来，云里雾里的都不知道讲了什么。

表哥也承认，有相当一部分"拍拍族"在拍完笔记后就搁下了，除非做作业才看看，甚至"上课拍笔记、下课印笔记、考试背笔记、考后扔笔记"，虽然对考试有帮助，不至于临时突击时找不到内容，但是，肯定会影响课堂听讲。

"数码笔记"为何在课堂上输给"烂笔头"

有位同学说，上课录下老师的讲课，在课后整理后的电脑课件里配上录音，复习的时候，图文并茂还有老师的声音、视频，比起手写笔记内容丰富很多，但是，整理一次这样的笔记太耗费时间了。

除此以外，拍照和视频还有很多不利于学习的问题存在：

1. 丢掉了宝贵的师生交流的机会

课堂听讲是个十分复杂、微妙的过程，在课堂上，老师传授知识，学生接受知识，老师的一个手势、一个微笑、一句赞美对学生来说都是不可缺少的体态语，老师通过这些语言辅助教学，加强和学生的沟通，帮助学生理解老师所讲内容。老师讲课的时候，要随时了解学生的听讲情况。课堂上，老师会强调重点内容，如果学生忙于用智能手机、iPad等拍照，很可能会错过。

2. 拍了不看，双耽误

很多同学拍下笔记后，没有时间来学习，就放下了。上课时忙于拍照片，心思都没有在老师真正讲的内容上。拍照耽误了听讲，一节课下来都没有什么印象。在课堂上就成了活的记录器，丢了课堂本身，还不如下课直接找老师要一份课件呢。

互联网时代，课堂上如何巧妙使用数码产品

成长在互联网时代，中学生几乎每人一部智能手机，至于电脑、iPad更是每个家庭必备。电子产品使得学习变得影像化，更便捷、形象、生动，即使在课堂上也可以用数码产品来辅助学习。

1. 来不及做笔记的可以拍照

有的时候，老师的板书或者课件的内容很多，而且不是书上的内容，是老师补充的，学生忙于听讲，可能无法记下来。这个时候，可以选择拍照。

但是，为了保持思维的连贯，不影响注意力，只要能跟上老师的节奏，还是记简单的笔记为好。

2. 课上专注听讲，课下拷贝课件

如果遇到不允许在课堂上拍照的老师，那么，就放心地认真听讲，记笔记，下课之后拷贝课件。如果认为拷贝好的课件就是笔记了，从此高枕无忧，觉得复习时拿起来直接用就可以了，那么，等到复习那一天，会因找不到重点、关键点而无从下手。

3. 拍照后，及时整理成手写笔记

重庆师范大学教育科学学院教师瞿亚红也指出，记笔记的过程本身就是一个记忆的过程，如果学生的思维和注意力都被各种新奇的移动设备占据，头脑对知识本身的理解和记忆环节就越来越薄弱了。

老师们还提醒，如果学生太依赖数码笔记，还得谨防数码产品出问题导致数据丢失，而传统的纸质笔记本比较容易保存。

4. 特殊课堂，可以拍照

有的时候，几个班级上大课，内容多，来不及记笔记，一旦把全部精力都放在记笔记上，也不利于听讲。这个时候，用手机拍照加快了知识、笔记等记录的速度，将知识装进移动设备里，随时都可进行阅读、消化。

做勤奋达人，你的未来可期

升入初中后，文文有了新的朋友圈，逐渐地，文文学会了跟人比。他对妈妈说："我的同学，穿戴、吃的、用的，都比我好。"文文开始有了购买名牌服饰的要求，为了不让儿子太难过，妈妈偶尔会满足儿子一次。

文文的欲望一直在增长，花在物质消费上的精力越来越多，假期，他竟然提出和同学去南方旅游两周，费用 1 万元。妈妈觉得这个孩子在盲目追求奢华的生活，便告诉他："人家怎么样，你就怎么样。别学这个，也别盯着别人看！管好自己，好好读书，考个好大学，努力长本事，将来才能有个好前途，才有资格过好日子！"

勤奋可以让你变得富足

男孩进入中学以后，活动范围增加，眼界扩大，难免会碰上几个"富二代""官二代"。别盯着别人，看你自己，别人有什么都是别人的，只有你有了，那才是你自己的。与其羡慕别人过好日子，跟人家学，不如自己努力学习，长大赚钱，让自己、让父母、让自己的后代过上好日子。

男孩要记住，任何人的好日子都不是他人的恩赐，而是通过努力奋斗得来的。虽然我们看到的是眼前人的享受，但是一定会有人奋斗过，这个人跟眼前人有着亲密的关系。

对男孩来讲，看到别人的辉煌、享受是一种见识；如果跟人家比享受、学消费，就是不幸；如果把对方当成人生路上一个参照，低头做事，就是大大的幸运了。

你要是总为你改变不了的不公平而抱怨、想不开，攀比那些超出能力范围的东西，那你只能跟人家差距越来越大，越来越让自己陷入困境。

唯有勤奋努力，才能改变命运

面对富人，普通人会有心理落差，这很正常。出身环境决定了男孩过什么样的日子。父辈甚至祖辈所处的环境，所遇到的机会，所有的能力都不尽相同，给后辈创造的生活条件也不一样。如果盲目效仿富人的生活，为了过上富裕的生活，去偷、去盗、去"啃老"，甚至把父母逼上绝路，人生就扭曲了。

有一个男孩，生长在穷困的农村，去城里读大学后，迷失了自己，谎称父母是包工头，经常去网吧上网聊天、玩游戏，过着醉生梦死的日子。他经常旷课，成绩很差，被学校视为自动退学。事实上，父母靠卖血供他读大学。

男孩要认识到贫富差距是每个社会都存在的现象，盲目攀比是在坑害父母和自己，对现在和未来一点儿好处都没有。放平心态，立足现实，过好自己的日子，勤奋努力，从改变自己开始，努力改变自己的生活。

1. 勤奋努力是缩小贫富差距的方法

作为一个普通人，努力工作就会获得一定的报酬。面对自己生活条件与别人家的差距，男孩唯一的选择就是努力，长本事、提升能力，获得更大的成功。

2. 勤奋学习，更有底气

男孩当下的任务就是学习，学习可以促进大脑发育，让大脑更聪明，同时能够获取很多基础知识，为未来深造打下基础。要想学习好需要付出努力，还要掌握一些方法，搞好学习的过程中，男孩懂得了一个重要的道理，要想做好一件事，勤奋努力是必不可少的。

治好"拖拉病"

津津是一名初一的学生，虽然所学科目多了，但是每天的作业如果正常做的话，一个半小时是足够完成的。可是津津每次都得到大半夜要睡觉的时候才写完，拖拖拉拉要几个小时。怎么会这么慢呢？

拖延下去，你与"懒人"没区别

美国《高等教育纪事报》报道，美国德宝大学的心理学家约瑟夫·R. 法拉利发现，做事拖拖拉拉也是一种病。在英国罗翰普顿大学召开的国际拖拉症专家会议上，法拉利教授和其他几位专家公布了一份关于拖拉症的调查报告。报告中，法拉利教授将慢性拖拉症分成两类。

一类是"激进型"拖拉症患者。这类孩子一般很聪明，自信那点儿知识或者作业不算什么，自己突击一会儿就能完成，不着急，先玩。这样的心态，导致学习任务一拖再拖，拖到时间不多了，心急火燎地草草了事。结果呢？需要记忆的内容没有记牢，需要完成的作业草草完事，学习效率不高。

另一种是"逃避型"拖拉症患者。导致孩子"逃避"的原因有两种，一种是由于一贯成绩不好，自我感觉脑袋笨，缺乏自信，在这类孩子眼中，困难已经被他们想象的超过了实际难度数倍，畏难和厌倦情绪笼罩着整个学习过程。另一种是由于青春期有了逆反心理，不愿意再像以往那样，每天作业写完了就练钢琴、绘画等，为了逃避这些，就故意拖延写作业的时间。

拖延的危害很大，除了耽误学习的进程，浪费时间，长期下去还会养成拖延的习惯，成为一个懒人。

身体上的懒惰必然导致思想上的懈怠，从想学逐渐地发展到不想学。即使能够坚持学习，也懒得动脑筋，不去寻找学习的规律，学习效率自然不高。可以想象一个身体不勤快、头脑不勤快的男孩，还有什么美好前途可言？有人把拖延当成一种病一点儿都不过分。

尽快写作业，不拖延

写作业是学习过程中的一个环节，能够培养和锻炼思考能力、分析能力、判断能力、计算能力、解决问题能力、自我管理能力，对学习有很强的促进作用。不能高效地完成作业，各项智能也无法得到很好的发展，在行动上必然是低效率的。

1. 制订写作业计划

先把要完成的作业整理出来，然后制订一份计划，规定完成作业的顺序和时间，形成一种紧迫感，避免拖延。

2. 限时作业法

限制自己的写作业时间是一种很好的自我管理策略，不但能够牵制自身的惰性，还能提升写作业的效率。每天监督自己按时、按量完成作业，坚持一段时间，好的习惯就会养成。你就会发现不拖延并不是一件难事。

3. 将烦恼抛到一边

中学生都进入了青春期，容易情绪不稳定，情绪不好时，不能专心做作业。男孩要懂得理性地宣泄掉坏情绪，然后用心写作业。男孩宣泄坏情绪的方法有很多，可以吹气球、打沙袋或者拍皮球。心绪很乱时，可以先玩一会儿或看会儿动画片，等心情平静后再写作业。

4. 从擅长的科目开始写

做感兴趣的事情更能集中注意力。写作业的时候，男孩可以从自己擅长的那一科开始写。这样，作业任务越来越少，就不会有畏难情绪，更不会拖延了。

5. 进行积极的自我暗示

心理学中有个暗示效应，在无对抗条件下，用含蓄、抽象诱导的方法对心理和行为产生影响，从而使人们按照一定的方式去行动或接受一定的意见，使其思想、行为与暗示者期望的相符合。

开始写作业的时候，可以这样进行自我暗示："一鼓作气写完，然后玩一会儿游戏！""好样的！已经完成一大半了！再接再厉！"积极的心态，鼓励的话语，能够让自己得到战胜拖延的力量，有利于及时完成作业。

6. 后果教育法

拖拉，使得写作业时间延长，必然耽误其他的事情。这个时候，决不要向自己妥协，坚持品尝后果。几次之后，就会吸取教训，改掉坏习惯。

足够勤奋，才能拥有"专家脑"

有个男孩迷上了航海知识，立志要做伟大的航海家，将来征服辽阔的海洋。他特别喜欢阅读航海方面的书籍，收集航海信息。那天，家里的望远镜坏了，他想买个新的，回头又一想，为何不自己动手做一个呢？说干就干！他拿出家里的工具箱，找来空心圆筒、纸片、两面胶、凹凸镜等用具，忙碌了一上午，摆了一桌子，反复安装、拆卸，终于制作出了一个望远镜。那一刻，男孩觉得特别满足。虽然自己组装的望远镜没有买的华丽，但是特别珍贵。

读到中学以后，他对航海领域了解得越来越多，他知道要成为一名好的航海家需要具备卓越的才识和智慧。他一改往日爱玩的习惯，发奋读书，后来考取了中国一流的海洋大学。

勤能补拙：勤奋学习，大脑反应快

有的男生纳闷，相同的任务，学霸一会儿就搞定了，自己折腾了好久还没弄完。学霸的大脑天生就这么快吗？不一定。但是他们在学习上却一定是很勤奋的。

人脑具有可塑性。脑的可塑性是内部成熟和外部经验共同作用的结果。外部经验来源于人们对于环境的主动学习和探索。中学生勤于用脑，主动学习、多思考，会使神经细胞的树突和轴突增粗，分支发达，链接增多，神经回路畅通。这样，神经元细胞对信息的接收和应答敏感度就会提高，解决问题的能力自然提升。

心理学家针对解决问题的速度做过专门研究，被试是专家和新手，研究显示，专家解决问题的速度更快。这是因为专家的图式涉及庞大的、彼此紧密相连的知识单元，新手的图式涉及相对较小的、无关联的知识单元。专家储存的知识多，有 5 万到 10 万个组块，遇到同领域的问题，能够快速解决。

看来，勤奋学习，多掌握知识，男孩也能拥有一个"专家脑"，做题的时候，反应当然快了。

男孩，勤奋起来吧

有的男孩说，我也想勤奋，可是，不知道怎么勤奋，更不相信勤奋就能学习好。怎么做才能变聪明？

1. 一次搞不懂，多来几次

司马光有多伟大，我们都知道。北宋政治家、史学家、文学家，历来受人敬仰不仅仅在于他获得了如此高的社会地位，而是做事用功刻苦、勤奋，以"日力不足，继之以夜"自诩。司马光到底有多勤奋呢？

小时候，司马光记忆力很差，别人背一篇文章，三四遍、十遍八遍基本搞定，可司马光不行，每次都要读几十遍才行。为了背文章，司马光常常看书到深夜，经常会迷迷糊糊地睡着了。为了不打瞌睡，他发明了"警枕"，用一段圆木头当枕头，半夜，他一翻身圆木头就滚走了，头一跌就马上会清醒，然后继续看书。

男孩，如果你一次记不住，不要气馁，学学司马光，多来几遍、几十遍，就能记住了。

2. 多做家务，大脑更聪明

著名教育家陶行知先生说："单纯的劳动，不能算做，只能算蛮干；单纯的想，只是空想；只有将操作与思维结合起来才能达到思维之目的。"英国发表的一份研究报告说，英国儿童在家庭和学校缺乏动手劳动，正阻碍着他们的大脑发育。

智慧在手指上体现。不管是做家务还是其他形式的劳动，既需要开动脑筋思考，也需要动手解决问题。不管是脑脑结合还是手脑结合，或者身体协调动作，都能促进大脑发育。要想大脑聪明，男孩一定要做家务。

有的孩子不愿意做家务，不是孩子天生不爱劳动，而是父母溺爱造成的。

中学生已经能够做很多事情了，比如收拾房间、打扫院子、买菜、择菜、洗菜、做饭、去超市购物等。积极主动地做这些事情，养成了习惯，就成了勤奋的孩子。

3. 参加夏令营训练

当下，夏令营活动比较多，也很能锻炼人。特别适合生活在城里的孩子。

晓亮是家里的独生子，家人很娇惯，过的是衣来伸手饭来张口的日子。暑假的时候，夏令营招生，活动内容是去农村体验生活，锻炼孩子的生活自理能力。晓亮和同学一起报名参加了。在夏令营活动期间，晓亮每天早早就起床，整理好床铺，快速洗漱后，在老师的带领下去马路上跑步，回来的时候，自己提水洗脸、洗衣服。每天还要和农民伯伯一起去田里劳动，锄草、浇水、施肥，样样都干。妈妈当初就是抱着让儿子体验一下生活的目的给儿子报名的，没想到儿子从农村回来后变得勤快了很多，自己能做的事情都自己动手做了。

高效完成当堂课后作业

有个中学生在贴吧里寻求帮助："各位大神，今天玩得太嗨了，竟然忘记了写作业，困死了。没时间写了，各位，我把题目贴上来，拜赐一份答案，小弟在这里感谢了！"

大家的回复很有意思。

"这位同学，作业要自己完成啊！如果有难题不会做，我愿意出手相助！"

"可是，可是，你这是偷懒啊！帮你就是害你啊！"

"放学后先写作业，这你都不知道啊。"

易感效应：课后作业是对课堂学习的检验和升华

心理学中有个著名的易感效应，是指学习者曾经学习过的东西，当再次遇到它时，就会更容易理解其中的意义。受此启发，男孩赶在还没有遗忘之前，再次学习和应用学过的知识，能够觉察更精细的意义和微小差别。

课后作业是为了巩固课堂所学内容，是课堂活动的延伸。做作业促进了知识的"消化"过程，使知识的掌握进入应用的高级阶段。通过写作业可以把课堂所学知识转化为学生自己的知识和能力。

1. 及时检查学习效果

写作业可以检查对知识的掌握程度。该堂课所讲内容，是否真正懂了，记住没记住，会不会应用，应用能力有多强，要通过做作业来检验。

如果作业做得很顺利，说明这一部分知识掌握得不错。相反，则说明这一部分知识没有掌握好，要及时查找原因，进行调整。

2. 加深对知识的理解和记忆

写作业是应用所学定理、公式、语法等知识来解决实际问题。在做题之前，必须把书本上的理论学好，把其中的基本概念和基本原理搞清楚。在做题的过程中，需要积极思考，把所学知识与题目结合起来，寻找解题方法，使思维能力在解答作业问题的过程中迅速得到提高。

很多学生都有过这样的体会，觉得某个知识点记得很牢固，觉得自己是懂了，就不再做题了。可等到了考试的时候，却拿不准了，甚至不会做。

课堂学习后，只是初步掌握了当堂课所讲内容，在不同的具体情况下，如何应用这些新知识，需要通过做作业来实践。然后，才能进入熟练应用的阶段。

比如，在数学学习中，有一些概念、公式很相似，虽然每一个都记得很清楚，但在做题的时候还是会混淆。这就需要通过做作业来细细区分公式的内涵、应用范围。

3. 可以为复习积累资料

作业题一般都是经过精选的，有很强的代表性、典型性。因此，出错的题目更要放到错题本里，多复习几次，做过的习题不应一扔了事，而应当定期进行分类整理，作为复习时的参考资料。

及时、高效地完成课后作业

在做课后作业的时候，要尽力去理解、掌握当堂课所学知识，以及用到的知识点，把写作业当作掌握知识的好时机，学习效率会更高。

1. 像考试那样写作业

像考试那样写作业，有利于养成一种快速而又严谨的做题习惯。先要耐心审题，找到解题思路后写出来，然后检查写得是否正确。抓紧时间，尽可能快速、一气呵成地把作业写完。

把写作业当成考试，遇到不会的知识点，就能下定决心掌握住。

2. 做完作业，回忆所学知识

课后作业一般都是对本节课所讲内容的练习和巩固，紧扣本节课所讲知识点。写完作业以后，联系所做题目用到的知识，回忆一下本节课老师所讲内容，如果记不清了，就翻开课本详细看一看，有助于准确记忆。

3. 做完认真检查

做完作业以后，男孩一定要检查一下，不要嫌麻烦，踏踏实实地，从审题开始，一步一步地检查，看解题思路、书写、运用定理公式是否正确，一旦发现问题要及时更正。检查除了有助于发现问题，还有利于熟悉相关知识。

第 11 章
青春期男孩社交派

——提高交往能力，不做"独行侠"

中学生的校园人际关系看似简单，实则"机关重重"。从那频频发生的校园暴力、欺凌行为中，可以看出校园并不是平静的花园。男孩要想在"校园江湖"里自在穿行，不被欺负、不被湮没，得学会交往。

人际关系能影响学习吗

高奎是家里的独子，父母工作忙，他跟爷爷奶奶在一起的时间比较多。爷爷奶奶从外地来到这个城市，跟外界交往比较少，受他们影响，在小区里，高奎的朋友也很少。有几个玩伴，也都是泛泛之交。不上学的日子，高奎就在家里写作业，玩玩游戏，成绩也不错。到了学校，有人玩就玩玩，没人玩自己坐着，也没觉得孤单。

升入初中后，班里的很多同学都有了闺蜜、哥们儿、发小，高奎在脑子里筛来筛去，却找不到一个可以分享心情，放心求助的人。在学习上遇到困难的时候，只有暂时放下，有好几次都影响了考试成绩。春暖花开的时候，同学们常出去郊游，高奎也想出去放松心情，可是，却不知道邀请谁。他还担心被同学拒绝，心里很矛盾。有一次上课想这事儿走神，被老师喊名字都没听到。

有一次，高奎生病了，他跟老师请了假。放学后，老师要家访，探望高奎，邀请班里跟高奎要好的同学一起来，结果，没有一个人知道高奎家住哪里。

高奎跟父母的关系也很一般，平时有什么心事也没跟父母说过。考入重点高中后，高奎虽然更用功，但是学习成绩却出现了滑坡。

再看看其他同学，踢球、跳舞、做板报、练吉他、组建乐队、玩游戏、参加辩论会……生活安排得非常满，学习成绩却不差。高奎有点儿不理解。看着有些同学打成一片，高奎又特别羡慕，却不知道怎么加入。

人际关系越好，学习成绩越好

据美国心理学家多年研究得出结论，许多成年人的拘谨可以追溯到他的儿童时代。如果孩子小的时候不擅长交际，长大了与人交往的时候也会显得手足无措、语无伦次，这将会妨碍孩子今后事业上的成功。即使有的孩子有聪明才智和一技之长，也会因不善于处理人际关系而使得人生发展受到限制。

北京师范大学中国基础教育质量监测协同创新中心在京发布"区县学生发展综合评价与改进 3C 模型"。项目组对来自全国 600 多所学校进行了抽样调查，通过对中小学生、家长、教师的调研进行分析后发现，亲子关系、师生关系、同伴关系都会深刻影响学生的心理健康水平，并对学生的学业成绩有着明显的影响。

1. 亲子关系提升，学习成绩提高

调查显示，亲子关系提高10%，中学生网瘾下降6.2%，学习成绩可以提高1.27%，学生的自我认同感会提高4.9%，学生的自我管理能力会提升5.2%，学生的公正感会提高5.1%，学生的积极社会信念会提升5.0%，生活满意度将提高4.7%。同时，学生的孤独感会降低3.2%，焦虑感会降低3.6%。

2. 师生关系越好，学习成绩越好

调查显示，师生关系提高10%，学生学习积极性提高2.4%，学生的自我认同水平将提升2.4%，学生的生活满意度将提升2.6%，学生的公正感将提升3.0%。与此同时，学生的孤独感会降低2.6%，焦虑感会降低2.7%。

老师是校园生活里最权威的知识传授者和生活引导者，师生关系越好，越有利于学习，有利于提升道德素质。

3. 同学关系越好，学习成绩越好

调查显示，同伴信任度提高10%，学生的自我认同感会提高5.7%，学生的自我管理能力会提升5.2%，学生的公正感会提高5.0%，学生的积极社会信念会提升4.9%。与此同时，学生的孤独感会降低3.1%，焦虑感会降低3.7%。

男孩越是能够和同学搞好关系，拥有自己的好伙伴，他在学习上越有自信、越能管理好自己，心情也会越好，当然学习成绩就更好了。

建立自己的小·圈子

一个人的人际关系如何，在于他的社交水平。社交能力是人类必备的本领，按照心理发展规律来讲，三岁以后就懂得与人交往了，到了中学，如果再缺少交际能力，一定会影响未来发展。

对男孩来讲，中学阶段最重要的接触对象就是父母、老师、同学，和他们相处好了，中学生活就会过得自在、开心，情商当然不会差。

北京大学社会学袁岳博士说："有些大学生的社交能力基本上只相当于七八岁孩子的水平。而存在社交障碍的95%以上的原因都在于孩子在上学期间没有机会走入社会，从小就不与别人打交道，只是一味读书考试。"

那么，家长该如何做才能让自己的孩子成为受欢迎的人，让孩子从此远离

"交往危机"呢？

1. 男孩要重视人际交往

中国青少年研究中心相关课题组研究员朱松说："孩子的社交能力和父母性格及日常社交行为能力有非常密切的联系，因为性格是遗传的。另外，孩子在成长过程中会效仿父母的行为和处世方式，这也造成孩子和父母的社交能力往一边倒的现象。"

良好的社交能力能让一个家庭变得充满阳光，生活很美好，男孩看到了这一点，就会向父母学。所以，真正擅长社交、有交往能力的父母，他们的孩子不会差。

不擅长社交的夫妻，他们的家庭会缺少很多生机和活力，承载风险的能力也不高。男孩看到这一点，就要努力改变家庭成员的行为模式，从自己开始，重视交往。至于怎么交往，父母做不了正面教材，就跟周围善于交往的人学习如何去交往。

2. 交朋友，改变害羞心理

害羞会影响交往，导致自我封闭，可能会导致孩子自卑。害羞的孩子在人际交往中更容易发生退缩性行为。研究表明，有11%~15%的孩子有过分害羞的倾向。男孩要想交朋友，就要先改变这一点。如何改变呢？

第一种办法，主动和同学建立交往。不要担心被拒绝，这个年龄段的男生社会关系需求增强，更加渴望与同伴交往，特别迷恋和朋友在一起的感觉。尤其是在权威型家庭环境里长大的孩子，有心事不愿意对父母讲，成长的烦恼使他们备感孤独和寂寞，同龄人就成了能够推心置腹的倾诉对象。

第二种办法，积极参加有组织的群体活动。

既然是群体活动，当然是参加人数越多越好，只要组织者一宣布就积极参加，就算是加入了这个群体，就有了与同学交往的机会。一次，两次，三次，同学关系就建立起来了。

3. 交往要本着友爱的原则

交往能使自我得到不断完善和提升，同龄人交往，一定会有摩擦，如果因为一点儿小事就反目，断绝往来了，这是一种幼稚的行为。但是，这并不是说为了友谊就要无原则谦让，学会维护自己的立场反倒促进友谊。让朋友知道你的底线，他们才不会触碰底线，这样就减少了发生矛盾的概率，彼此相处起来更和谐。

"学神""学霸"不是非人类

杨明的英语比较差劲，如果不下功夫有可能发展成短腿科目。于是，杨明不得不拿出更多时间来背单词。不过，效率还是不高，有的时候1个小时也记不住10个单词，搞得脑子混沌一片，而且，越是着急，越记不住。

同一个小区的师哥是一名优等生，英语学得更是顶呱呱，杨明很佩服。杨明特别想知道人家是怎么学习英语的，每次都是话到嘴边，看到人家面无表情，就觉得和自己有界限，结果还是没有张开口。后来，杨明参加了学校的足球队，发现师哥也在里面，两人有了更多接触的机会。杨明发现，师哥很容易接近，而且很主动跟自己交往。于是，训练的时候，杨明把自己的苦恼说给师哥听。师哥很热情地把自己的学习方法告诉了杨明。

原来师哥从没有利用整块时间背诵单词，一般都是利用清晨、睡前、等车、散步等零碎时间背单词。事先把要记的单词抄在一个小本子上，随身携带，利用空闲时间随手翻翻，即便三两分钟也能背几个。这样，不但积少成多，也做到了重复记忆，不容易忘记。

杨明按照师哥告诉的方法去记忆，果然很管用，既省了时间，又收到了好的记忆效果。杨明举一反三，背诵一些难记的数理化概念的时候，他也用了这个方法，效果也很好。

优等生也渴望友谊

优等生是学生当中的佼佼者，他们头上顶着"能考入好学校"的光环，被同学称为"学神""学霸"。关键是这些优等生不仅仅学习好，还有特长，不说琴棋书画都精通，也一定有拿得出手的才艺。

于是，对于一些各方面不是很出色的同学来讲，优等生就成了只能远观而无法靠拢的宝物。其实，优等生也是人，他们也离不开群体，他们也害怕孤独，需要知己，渴望在悲伤的时候有人听他们倾诉小心事，渴望朋友在一起畅所欲言。

有很多优等生表现出一副孤高冷傲的样子，不是他们不需要友谊，而是他们也不够成熟，不懂得如何与那些仰视自己的同学相处，只能眼见着大家打成一片，自己用一副冷漠的躯壳把自己那颗火热的心包裹起来。

同学交往，贵在真诚

每个孩子都有一个"优等生"梦，之所以没有成为优等生，有一个重要的原因就是没有优等生勤奋，不善于寻找更高效的学习方法。

1. 交友主要看性格

事实上，有很多优等生，他们的朋友可能是班里的中等生，但是，他们却能够一起享受美食、一起学习、一起参加课外活动。之所以会这样，就在于性格接近，有着共同的爱好，还善于沟通、合作。

青春期孩子一方面渴望友谊，另一方面又不愿意袒露自己的心事，这就给同学之间的了解设置了障碍，尽早拆除藩篱是帮助自己战胜孤独的重要方法。走进同学圈子中，参加社会实践活动，发挥自己的特长，大胆表达自己的观点，让别人看到自己的真诚和优秀，总会碰到和自己拥有相同共振频率的伙伴，自然而然就找到了友谊的归宿。

2. 学习依然是重要事情

对于普通学生来讲，既然和优等生做了朋友，对方在学习上努力的样子，就不能视而不见；对于优等生来讲，既然和普通学生做了朋友，就有义务帮助他们学会学习。

大家的智商都差不了多少，优等生之所以成绩优异，在学习上一定有自己的独到之处，平时多观察，多向优等生请教，看他们怎么利用业余时间。问问他们怎么听讲，上课是否积极回答问题，看看他们的作业本是什么样子，他们是怎样做作业的，翻翻他们的课本看看是什么样的……优等生都是会学习的，他们的学习方法体现了他们的学习智慧，而这些正是普通学生需要学习的。学习是学生第一位的事情，所以，不管大家在一起玩得多么开心，都不能忘记了学习。

男孩不能太自我

曾经听过一个故事，是一位老人讲的自己的亲身经历。

两个中学生一起出去玩，兜里揣着钱，见什么买什么，一天下来几乎花光了所有的钱。天快黑的时候，两人把所有的零钱加在一起就剩一块钱了。怎么办？只得打电话让家里人来接了。

路很远，两人坐在马路边等。夜幕逐渐降临，两个人越来越饿。一块钱，可以买个包子。一个说："买个包子吧！"另一个想了想说："还是买两个馒头吧，一人一个，能扛饿。"一个说："我吃不了馒头，没菜，咽不下去。"另一个说："你不能太自私。那么小的一个包子，一人一口就没了，难道你不管我了吗？爱自己，也不可以这么自私啊！"

最后，他们买了两个馒头，一人一个，都吃得很香。家长到的时候，两个人正搭着肩膀看星星呢。

试想，如果那个人坚持买一个包子，两个人还有力气看星星吗？就是因为这件事，两个人懂得了一个道理，跟朋友相处，可以爱自己，但不能太自私。秉承这样的原则，两个人成了一生一世的好朋友。在他们看来，这是他们一生中最大的财富。

马斯洛需要层次理论：正视交往需要

人需要有一些私心，才能保证自我需要的满足，这是人的天性。但是如果太过自私，事事想的都是自己，为了满足自己的利益丝毫不考虑别人的感受，就容易得罪人。

马斯洛需要层次理论告诉人们要尊重自己的需要，同时自己的需要也是和他人紧密相连的。生活在这个世界上，每个人都有自己的需要，生理需要、安全需要、归属和爱的需要、尊重的需要、自我实现的需要，这些需要具有强大的内驱力，推动着人们为满足需要而不断努力。任何阻碍都会被视为不友好的行为，成为攻击、敌视的对象。所以，男孩要记得，既不能阻碍别人去实现自己的需要，也不能任凭别人无视自己的需要，还要记得，交往是每个人的需要。

有的孩子很自私，他们不愿意参加学习小组，如果有同学请教问题，他们一定说自己不会，他们不愿意给同学讲是因为他们觉得别人的学习与自己不相干。事实并非这样，心理学研究显示，学生之间进行交流学习这种小团体的学习方式更能让学生受益。

在人际交往过程中，如果一个人脑子里想的只有自己，事事以自己的利益为出发点，丝毫不考虑别人的利益和感受，就会让人不舒服，久而久之，别人就会不喜欢他、排斥他，慢慢远离他。

自私者之所以悲哀，在于他们任私欲放纵，不在意别人的需要。过分的占有欲，让他们拼命地保护自己的东西，同时又想方设法地掠夺别人的东西；自私者是眼光短浅的，总是在乎眼前的一点点利益，总是认为什么东西还是抓在手里比较放心。

多体察他人需要

青春期男孩比较自我，他们过度强调自身的情感与独特性，总是将思想集中在自己的情感上，夸大自己的情绪感受。这样的心理特点使得男孩们与同龄人相处起来比较困难，所以，大家要多多体察他人的需要。

1. 在学习上不要有防范意识

在外界，有一定的防范意识，可以避免发生危险。比如，和同学一起玩的时候，如果有危险，就不要行动；朋友鼓动去做一件事，要思考一下是不是触犯法律、伤害他人，如果是，就不要去做。男生有以上的防范意识，可以保证自身安全，完全有必要。

但是，在学习上，不要有防范意识。学习是一个相互促进的过程，互相交流，可以打破学习方法、解题思路等方面的限制，提高学习效率。实践证明，学生时代能够分享学习经验的孩子，长大后在工作中也能很好地与人合作。

每个男生都会有一些学习心得，把这些"作战经验"跟同学聊一聊，把参考资料给同学复印一份，这样既促进了友谊，也会赢得同学的信任。同学也会把自己的学习经验、学习资料拿出来一起分享。这样的学习氛围，不但促进了大家成绩提高，同时也能培养孩子无私的情怀。

2. 从体察父母的感受开始

如果男孩能够考虑到父母的感受，并为此控制自己的行为，那么，男孩的眼里就开始有别人了。吃东西的时候，留下父母那一份；父母累了，给父母倒杯水、做点儿饭；家里有劳动，加入进去一起干；日常消费，不为难父母，恪守符合家庭经济实力的日常消费水平。在家里能够体察父母的孩子，在学校也能体察老师、同学。

3. 特别的日子里，祝福身边人

小的时候，是父母给自己过生日。到了中学，已经懂事了，具备给别人过生日、送礼物、送祝福的能力了。每逢三八妇女节送妈妈一些礼物或者给妈妈一些惊喜；五一劳动节让父母休息，自己来做事；同学生日，送同学些小礼物；等等。

4. 给弱者一些帮助

男孩在帮助弱者的时候，能收获对方反馈回来的爱和崇拜，快乐的感觉让他们感受到了真诚待人的重要意义。谁是弱者？老人、孩子、遇到困难的人，都是弱者。在马路上遇到需要帮助的残障人士，伸出援助之手；同学在学习上遇到困难了，耐心帮助同学把不懂的地方弄懂；有地方受灾，慷慨献爱心；利用业余时间参加一些社会活动。

决不搞砸和父母的关系

耀耀和妈妈吵架了！他买了一件新衣服，妈妈左看看右看看，说没个中学生样。学校里很多同学都这么穿，人家家长就不管，自己怎么就不行呢？穿自己身上，妈妈至于那么上心吗？

今天，妈妈又唠叨了。耀耀忍不住扔下手里的筷子，跑出来了。在大街上走了好几圈，他想回去跟妈妈摊牌，如果妈妈以后再管他的事情他就离家出走，真的不回来了。

夜色渐深，耀耀感觉有点儿饿，看着路上走过的陌生人，还有点儿害怕，此时，他有点儿想温暖的家了。真希望妈妈出来接自己啊。正想着的时候，爸爸妈妈急匆匆地从远处走过来，仔细看他们，感觉有些佝偻，耀耀鼻子一酸，哭了，他觉得自己太不懂事了，然后，大喊一声："爸爸，妈妈！"冲他们跑过去了。

亲子关系决定成长

小的时候，父母的怀抱是孩子最依恋的地方，妈妈的笑脸最让他们开心。到了青春期，男孩想着要独立，要自由，要做主，最烦父母干涉他的事情。此时，男孩要明白，不管你多么反感父母的唠叨、保护，内心深处都是渴望父母的支持和理解的。对你来讲，父母仍然是你最坚强的后盾，一旦失去，你所期待的独立自主都将是泡沫。

男孩一定要明白，亲子关系对孩子的发展具有重要意义，良好的亲子关系是家庭教育成功的保障，能促进孩子健康发展；不良的亲子关系会对孩子的发展产生不可忽视的负面影响。男孩不妨留意一下身边的留守儿童，他们会和你一样无忧无虑地大笑吗？他们的目光里有自信吗？能够和你一样每天穿着合适的衣服去上学吗？

男孩不妨仔细思考一下，当你伤心、失落的时候，是不是特别想回家？如果家里有什么情况，你是不是特别担心？你最开心的事情是父母相亲相爱，如果他们闹别扭，你是不是会竖起耳朵听着，生怕他们吵起来？你为什么会这样？就是因为父母对你来讲太重要了，你离不开他们，你需要他们。

男孩一定要明白，任何年龄段的人，亲子关系对其成长的影响都很大。积极的亲子关系会使孩子感到爱和尊重，充满自信，乐于交往，以积极的态度面对生活、应对挫折，觉得自己是一个有价值的人。

青春期，注意搞好和父母的关系

男孩进入青春期后，会有一些逆反心理，会反抗父母的管教，为了避免伤害亲子感情，男孩一定要理解父母的心情。

1. 换位思考

男孩读中学以后，会逐渐地把自己当大人，不愿意被父母管教。当父母唠叨和嘱咐的时候，站在父母的角度想一想，他们习惯了处处关照孩子，一下子改变不过来，要给他们一些时间让他们适应。

2. 多和父母沟通

孩子升入中学后，很多父母都担心已经步入青春期的男孩会早恋、学习成绩下降。特别是发现儿子与哪个女生关系比较不错的时候，心里就开始打鼓了。旁敲侧击、盯梢跟踪是他们的惯用形式。

这种情况下，男孩不要跟父母对着干，那样只会惹恼父母，自寻烦恼。多和父母沟通，把真实情况告诉他们，他们就不会乱猜疑了。

3. 多克制自己的情绪

如果你跟父母发过脾气，试着想一想，有的时候，父母没有说什么，不足以引起你发怒，你的脾气就爆发了。这是因为青春期男孩身体内的激素分泌较多，易激惹。

另外，青少年神经系统没有完全发育好，控制和调节情绪的能力还跟不上。青少年大脑神经活动机能的主要特点是兴奋性较高；兴奋过程和抑制过程相比，兴奋过程又相对较强一些；兴奋和抑制的相互转换较快。这样就使大脑皮质的兴奋与抑制过程在一定时间内不十分稳定，皮下中枢的调节作用会出现暂时不平衡。因此，对于精力旺盛的青少年来讲，由于体内积蓄了大量的能量，在没有找到合适的发泄口的时候，容易因兴奋过度导致情绪激动。

当和父母在一起的时候，男孩要努力克制自己的情绪，不要因为父母的一两句话就发脾气，更不要把发脾气的原因归到父母身上。

老师面前，别犯轴

高天是一名初二的男生，数学课上，他打了个盹儿，恰巧被老师看见了。老师喊他回答问题，他站起来迷迷瞪瞪搞不清要说什么，弄得同学哄堂大笑。老师忍不住说了一句："就这学习态度，还想不想考好学校了，骄傲使人退步啊！"当时，高天就生气了，明明自己昨天晚上熬夜复习功课睡晚了，今天才犯困的，老师怎么能这么说话呢？

从那以后，高天一上数学课就故意气老师，趴在桌子上不听讲，课余时间却拼命用功。

时间一长，高天虽然成绩依然很好，但是这么学习太耗心力了，以这种方式气老师也太可笑。于是，高天向班主任求救，把这段时间发生的事情跟老师说了，求他帮自己和数学老师和好。班主任说："老师怎么会和你们生气呢？我们知道，处于青春期的你们就是个定时炸弹，自己都能爆炸，我们怎么会跟这么特殊的你们计较呢？"

重视师生关系

师生关系是孩子人际交往中的重要关系，与老师融洽相处体现了孩子的社会交往能力。社会不是波澜不惊的海面，游在里面的人总会遇到一些风浪，这个时候，要顺利游过风浪到达岸边，得有点儿抗击风浪的能力。

良好的师生关系，是指师生之间相互信任、相互支持、相互欣赏，孩子尊重老师，像尊重长辈一样，但是不把老师视作高高在上的权威，而是当作可以平等、自由交流的朋友。如果男孩能够和老师建立这样的关系，男孩就会喜欢学习，就能努力学习。

在校园里，老师是学生眼中的重要人物，虽然中学生的"向师性"没有小学生强，但是能够与老师友好互动，会让学生感受到自己是被喜欢的、受到赞赏的，这样的认识能够增强学生的自信。中学生对自己的评价在一定程度上还是依赖成人，老师的积极评价有助于男孩树立自信心、提升自我认同感。

中学生特别渴望被认可，更希望清楚地认识自己，整个中学阶段他们都通过观察自己的行为、结合别人的评价来搞明白自己是什么样的，将来能做什么。他们渴望自己以懂事的样子出现在老师面前，被老师训斥或者怀疑都不是他们期待的。所以，这个时候的老师跟学生交往的方式都比较柔和。

当然了，处于寻求独立阶段的男孩被老师严格管教的时候，难免会犯轴，和老师对着干。这时，男孩要学会自我安慰，要懂得生活中总会发生一些不如意的事情，提高自身的应对能力，使得自己不受伤害，是基本的自助。

情绪 ABC 理论的创始者埃利斯认为：正是由于我们常有的一些不合理的信念才使我们产生情绪困扰。所以，当和老师发生矛盾的时候，男孩一定要放下一些信念、一些对事件不合理的解释，比如，老师故意整我、老师看不起我、同学看我笑话了、老师以后不会喜欢我了……

解决好几个常见的师生间问题

要想和老师相处好，建立最利于学习的师生关系，达到配合老师的工作、认真听老师讲课、努力完成作业、考出好成绩，有几个常见问题一定要处理好。

1. 有困难跟老师说

一个老师一种讲课风格，当孩子适应了一个老师的讲课风格后，如果换一个老师会不适应，风格相差太大的话，甚至会放弃听课。这么不成熟的做法对男孩的学习没有好处。

遇到这种情况，最佳选择就是及时跟老师交流。从心理学的角度来讲，如果一个人想和什么人沟通交流，会让对方感受到重视和信任，更愿意接纳。男孩跟老师说出自己的苦楚，听不懂老师带有乡音的普通话、讲课速度太快、老师讲得太形而上听不懂等，老师不但不会反感，还会因为你对待学习认真而对你另眼相看。

2. 不要挑战，委婉地纠正

在学习方面，老师是绝对的权威。但是老师也有出错的时候，什么错误呢？PPT 课件里写了错别字、公式中字母大小写混淆、数字计算有错等等。如果发现了，先记下来，课下跟老师说明。

3. 试着去理解老师

有的时候老师说话可能不是很客气，或者没有了解事情真相就做出了判断，这种情况下，就会有受冤枉的同学。

教室里的窗帘掉了，恰巧被老师看见，此时孙杨正站在窗台旁边，老师对着孙杨说："你弄的吧?"孙杨说："不是! 我出去了刚回来。"老师说："屋里除了你没别人呀。"孙杨觉得自己很委屈。这时，班长回来了，手里拿着几个挂钩，要修窗帘。老师问谁弄的，班长说："我不小心弄掉的，就出去买挂钩了。"这下老师不说话了。孙杨很生气，心想："班长弄的，你怎么不批评了? 偏心!"从那以后，孙杨即使跟老师面对面，也不搭理他。

如果跟老师有分歧，也不要对着干。站在老师的角度想一想，老师为什么会对自己有这样的看法，是不是自己平时的行为给了老师这样的印象，如果是这样，那么就默默地改变自己，不要给老师惹麻烦。老师的工作压力也很大，难免有看问题片面的时候，如果能当面为自己"洗冤"，态度诚恳，老师也会接受。

亲密同伴关系

王明最近特别苦恼，为一件事情跟父母闹翻，就差离家出走了。什么事呢？王明有几个好朋友，从小玩到大的，关系很好。中学的时候，大家分开了，但是一个月会聚一次。

最近一次相聚，大家在外边玩了一整天，父母知道后就责怪王明不该这么浪费时间，而且警告王明少跟那个去了普通高中学习不用心的同学来往。

王明不觉得学习成绩不是很好就不是好学生，就不能做朋友。他很生气地说："我就是喜欢他，他虽然成绩不好，可是为人热心，很真诚，从来没做过坏事，我要和他做一辈子的朋友！"听儿子这么说，妈妈又震惊又开心，看来，儿子懂得选择什么样的男生做朋友，第一看的是人品！

伙伴的归属感无可替代

孩子与同伴之间的交往，和亲子交往、师生交往不同，是一种地位和权利平等的人际交往。心理学研究一致认为，与同龄人交往对学生的身心发展有重要的作用，而且不可替代。

2015年，美国心理学教授伊娃·特拉泽博士对46位被试青少年进行研究，结果显示拥有可信赖可依靠的好朋友的青少年更少参与冒险行为，比如，商店盗窃、乘坐危险驾驶的车、无保护的性行为等。经常与好友争吵的青少年更容易参与这样的冒险。

在青春期孩子的心中，同龄人有着很重要的地位，他们宁愿做出无耻的、在年长者看来是出于自由选择的行动，而不愿做出羞怯的、在自己同伴看来是被迫而为的行动。

良好的同伴关系有利于孩子认识自我。由于同伴交往的平等性，同伴的反馈更加客观，孩子更容易接受。孩子在同伴交往中能更清晰地认识自己，了解自己的优缺点，促进人格的健康发展。

研究发现，没有同伴的孩子，换位思考能力的发展明显落后于经常与同伴交往的孩子。同伴圈是一个小型的社交网络，要想成为这个网络中的一员，必须在交往中掌握一些社交技能，才能很好地与他人相处，不伤人，赢得他人的理解与尊重。一个在中学阶段能够和同学友好相处的孩子，工作后，和同事打交道也会游刃有余。

青春期的孩子渴望交朋友，特别忠于同伴群体。男孩更可能与跟自己的价值观、兴趣爱好相似的同学成为朋友。同伴就像一面镜子，能够让男孩看到自己的缺点、不足和优势，学到处理生活、学习的方法，获得精神上的支持。和同伴在一起，男孩会觉得安全、踏实、不孤独。

交友，不学坏的几个原则

生活中常常会有人说，嗨！差点儿被你带沟里去！什么意思，就是在别人的带动下做错事啊！青春期男孩在一起，很容易"去个性化"、从众，做出不理智的事情来。

几个孩子在网吧上网，一个通宵后，觉得没意思，其中一个提议说，换个地方，来点儿刺激的，"赚"点儿钱。一听这话，其他几个人也感觉到了无聊。说动就动，一小时后他们来到一个高档小区，潜伏在周围一小时后，翻墙进入一个房间盗窃，结果当场被抓获。

中学阶段同龄人之间的影响很大，影响力超过了父母、师长。几个爱学习的男孩在一起，能激发更强的学习动力；几个不爱学习的男孩在一起写作业，可能会导致学习效率下降，作业质量变差。这就是群体影响下的社会助长和社会懈怠。

一个男孩和几个调皮捣蛋的孩子在一起，更容易犯错误，还可能做出违法的事。为什么呢？在某些群体情境中，人们更可能抛弃道德约束，以至于忘却了个人的身份，而顺从于群体规范，这种情况简称"去个性化"。青少年犯罪呈现团伙性，就是这个原因。

为了避免被坏孩子影响，男孩交友的时候一定要把握好几个原则。

1. 不以成绩好坏作为交朋友的标准

不管成绩好坏，只要每天坚持上学，就是本分孩子。这样的孩子懂得学生的职责是学习，能够恪尽职守。那些成绩差的孩子，他们依然每天来学校，这份坚守需要很大的自制力，是很值得佩服和尊重的，不要把这样的同学排除在朋友圈外。有这样的一份坚持，即使不能考上很好的大学，也一定有不错的未来。

2. 慎与心地不善良的同学交朋友

有的男生害怕厉害的同学，在厉害同学面前唯唯诺诺，但是，他们却欺负老实同学。他们不懂得同情弱者，还常常挑事。与这样的人交朋友要慎重，不要被其影响。

互助学习不是合伙做作业

吃完晚饭，秦昊就出去了，回来的时候手里拿着一沓 A4 打印纸，是汇总好了的英文单词。妈妈纳闷："你打这么多干吗？"秦昊说："送同学！马上期中考试了，大家很忙，有一些同学跟我请教记英语单词的方法，我就把我总结的经验写了出来，可以帮助记忆。"妈妈问："你就不怕他们记住了，威胁到你吗？"秦昊撇撇嘴说："那么怕被超越，我还算什么学霸？太小瞧您儿子了！学习要发扬互助分享精神。"妈妈想："哇，果然是生活在互联网时代的孩子，很有互联网精神。"儿子晃晃头："老妈，您落伍了！向'00后'致敬吧！"

互助学习有利于掌握知识

学习的本质是个体化，学生只有通过独立的思考与练习，才能使知识"内化"吸收，"外化"表达。美国教育学家布鲁姆认为：当学习转化为一种合作过程，人人都从中受益。

谈到学习方法，陈燕清则说起了他的学习伙伴。陈燕清所在的班级在高考临近时编排了不同的学习小组。每个人都拥有两三个学习伙伴，可以是成绩比自己好的同学，也可以是水平相当的同学，他们相互鼓励、分享学习方法，最终共同进步。

"我记得一次大考大家都没考好，我和伙伴们就相互交换试卷点评、纠错，这样下来不仅题目会做了，而且找回了信心。"互相学习法促进了陈燕清更为高效地学习。

学习是一种个体行为，但是，当学习累了的时候、力不从心的时候，不妨采取合作学习。每个学生都有擅长的科目，也有需要提高的科目，合作学习，可以互相帮助，取长补短。

合作学习法能够提升学生的学习积极性和主动性，在学生间建立起积极的相互依存关系，增进同学感情。每一个成员不仅能够自己主动学习，还能帮助其他同学学习，以每一个学生都学好为目标。在整个学习过程中，同学密切合作，既能加深同学感情，又能增进同学友谊，使得"优等生"好上加好，"中等生"消除顾虑，"后进生"学会学习。

王超和同桌关系特别好，同桌一直鼓励王超好好学习，一定能成为优等生。同桌常常主动给王超讲题，王超想，不能让好朋友的心思白费，得对得起他的心血；另一方面也想，难道自己就不能追上他，超过他？王超便加倍地刻苦努力。

一个学年下来，王超的成绩超过了同桌。同桌心里有些不舒服，常常说一些风凉话。王超觉得是自己做得不够好，于是，他跟同桌说："谢谢你这么长时间一直帮助我，我的成绩提升了，多亏你的鼓励和辅导。我们做一生一世的好朋友吧！以后咱们共同进步好吗？"同桌感觉王超并没有忘记自己的功劳，很真诚地点点头。从那以后，两个人你追我赶，边互助边竞争，学习特别有劲头。

用好互助学习法有一个关键点，就是要真诚，诚心诚意地以促进学习为目的，愿意和对方共同进步，才能收到良好的效果。

互助学习最常见的几种方法

当下，一些孩子和同伴采用了"合伙"完成假期作业的方法，大家把假期作业按人头分成几个部分，每个同学完成一部分，其余的部分就抄写同学的答案，这样就不会出现完不成假期作业的情况。互助学习一定不是这样的"互相帮助完成学习任务"，而是"互相帮助学会知识"。那么，怎么做才算互相帮助学会知识呢？

1. 互查作业

写完作业，交换作业本，找对方的错误，促进了自己的思考，防止犯类似错误，也帮助对方找到了错误。找到了同学的错误，就意味着自己懂了，会了，要不怎么能看出错误来呢？另外，哪个孩子也不愿意自己作业的错误暴露在同学面前，为了防止出丑，他们在做作业的时候就会格外用心。

不断地寻找对方的错误，可以总结出容易出错的地方，比如：错别字、看错题、理解错了题意、书写不规范等。

为了表示彼此的诚意，找错的时候不要声张，只需标注出来就好了。为了更好地促进学习，当发现对方的错误的时候，最好想一想对方为什么会出现这样的错误，自己怎么做才能预防发生这样的错误。即使同学在指出自己的错误的时候让自己心里感到不舒服了，也不要介意，要心存感激，相信同学的真诚态度，才能虚心接受对方提出的建议。

2. 互考，可以增强记忆

当学习累了的时候，记忆就变得困难。这个时候，不妨采用互考记忆法。每个人既考别人，又被别人考。两个人，针对一定的内容，一个出题，一个答题。考完后让出题的同学打分，然后互换角色。整个过程中，出题和答题都有利于记忆所考内容。

3. 互相说题

给知识点提供一个记忆的情境，再次遇到类似的题目的时候很容易就会根据当时的说题情况回忆起来。容易出错的题目、比较有难度的重点题目都可以说一说。

说题的时候，可以说对题意的理解、解题的思路和方法、由这道题想到了哪道题，用到的公式、定理，做这样的题目容易出现的错误、是否是考试重点，等等。在这个过程中，某个同学说出了思路，如果哪里不对，其他同学就指出来，更利于掌握知识。

第 12 章
青春期男孩健康派

——丢掉陋习，健康生活

学习如爬山，男孩要想登顶，不仅要身体好，还要心理健康。身心健康的大前提就是好好爱护身体，以健康的方式生活，远离不良的生活习惯。那么，从现在起，开启健康生活模式吧。只有健康生活才能孕育健康的身心。

洋快餐会"毒害"你的学习成绩

周末，范平的父母出去会朋友，晚饭让范平来招待表弟。家里有各种半成品和冷藏的肉类，还有准备好的凉菜，足够两人吃一顿丰盛的晚餐。

表弟来了，范平做饭给他吃。但是，表弟说，想吃汉堡。没办法，范平就请他吃洋快餐了。吃罢饭，各回各家。范平继续写作业，可是，吃太跑了，脑袋昏昏沉沉，怎么也进入不了状态，想躺床上休息一会儿，谁知，一觉睡到了大半夜。

洋快餐为何影响学习成绩

洋快餐太受年轻人喜欢了，虽然媒体接二连三爆出肉、油有问题，人们还是恨不起来。汉堡、鸡块、脆皮甜筒、芝士蛋堡，味道甜、香，吃了一口就想下一口。店里用餐随意、自在，价格适中，中学生都喜欢。

不过，经常吃洋快餐，可能会让你的学习成绩下降。有关研究表明，长期进食大鱼大肉者，大脑中的"纤维生长因子"物质明显增多。这样，脑内毛细血管中的内皮细胞增生，脂肪增多，功能减退。

对于未成年人来说，维生素、微量元素等含量很低，脂肪含量增高，人体消耗脂肪的时候身体内的血液会流向最需要它的部位——肠胃。肉、糖类食品，消化时间长，导致脑部长时间供血不足，脑部运转需要的血液和氧气得不到充足的供应，导致大脑不能高效工作而昏昏欲睡，思维缓慢，记忆力变差。经常吃油炸食物还会影响智力发育。

美国俄亥俄州立大学曾抽取了全国 8500 名 10 岁的小学生作为样本，统计他们的洋快餐消费量。三年后，他们把这些学生的学业成绩进行对比，同时还考虑到其他十几个相关的因素。

研究人员询问参与者吃了多少顿洋快餐。52% 的人每周吃一到三顿，10% 的人每周吃四到六顿。在科学考试上，平均每天吃一顿快餐的人得分 79，而那些从来没吃过的人平均分为 83。阅读和数学的成绩结果也大同小异。

这表明，洋快餐吃得多的青少年在数学、科学和阅读考试时成绩较差。

澳大利亚的研究人员在实验鼠身上做实验后，发现洋快餐会对记忆产生不利的影响。新南威尔士大学的科学家指出，喂养了高脂肪和糖的实验鼠负责言语和空间记忆的海马区域受损，它们忘记了在轮子里跑动的方式，同时还发现肥胖可以触发大脑变化，引起炎症。

多食利于大脑发育的食物

洋快餐大部分是油炸、高脂高糖类食品，不利于男孩身心发育，而且影响学习。饮食中注意减少热量的摄入，多吃水果、干果、蔬菜、鱼肉和鸡肉，可以降低年龄相关的认知下降和神经退行性疾病发展的风险。

1. 食入富含碳水化合物的食物

最常见的富含碳水化合物的食物有大米饭、馒头、烙饼、大米粥、小米粥、煮玉米、红枣、桂圆、蜂蜜等。男孩可能不喜欢这些食物，但为了获取好成绩、保证身体健康，每天一定适当摄入一些。

碳水化合物为大脑提供能量。大脑主要依靠血糖（血液中的葡萄糖）供给能量。当血糖浓度降低时，脑的耗氧量也下降，轻者感到头昏、疲倦，重者则会发生昏迷。

2. 食入脂类食物

人脑所需要的脂类主要是脑磷脂和卵磷脂，它们有补脑作用，能使人精力充沛，使工作和学习的持久力增强，对神经衰弱有较好的疗效。卵磷脂更是被誉为维持聪明的"电池"。

富含脂类的健脑食物有很多，如核桃、芝麻、松子、葵花子、西瓜子、南瓜子、花生、杏仁、鱼油等；富含脑磷脂的食物有猪脑、羊脑、鸡脑等；富含卵磷脂的食物主要有鸡蛋黄、鸭蛋黄、鹌鹑蛋黄、大豆及其制品。

如果妈妈在家里为你准备了核桃，烙了芝麻饼，一定要吃一些。同时，一家人在一起的时候，嗑点儿瓜子也不错。

3. 食入维生素

维生素是维护身体健康，提高智力活动的重要营养素之一。大脑的代谢也离不开维生素。

学习离不开良好的视觉功能。多吃一些富含维生素 A 的食物，如胡萝卜、动物肝肾、红枣等，以减少眼睛视网膜上的感光物质视紫红质的消耗，保护视力。

学生学习紧张时，运动比较少，可以多吃富含维生素 D 的食物，如海鱼、鸡肝、蛋黄等。

多运动，身体好——
四肢发达，头脑发达

成冰是一名高二的学生，成绩特别优异。每天放学后，如果找不到他，同学就会说，去操场看看吧，他可能在跑步。这个建议准能帮助你找到他。

成冰特别喜欢运动，尤其是跑步，每天不跑几圈就觉得身体不舒服。跑几圈后呢？感觉脑子都好使了，学习的时候一点儿都不累。

多运动，身体好、头脑灵活

英国《每日邮报》报道，西班牙一项新研究发现，与人们常说的"四肢发达，头脑简单"相反，身体健康壮实的青少年考试成绩更好。而整天懒得运动的孩子课堂表现相对更差。

解析中学生身体强健更易得高分的原因，临床心理学家、美国纽约蒙蒂菲奥里儿童医院助理教授哈希姆说："或许因为心肺功能强健的孩子能获得更多氧气。当心肺以更高的能力工作时，大脑运转处于巅峰状态。那些身体差些的孩子或许更容易上课打瞌睡。"

进化心理学家认为，运动，尤其是要求耐力的运动，对于大脑的进化也贡献出了不可忽略的力量。为了探究运动对大脑进化的作用，人类学家开始研究其他哺乳动物，例如狗、荷兰猪、狐狸、老鼠、狼、山羊等。他们发现，进化了上千年的动物中，那些耐力持久的动物，例如狗和老鼠的大脑在身体中所占的比例明显比其他哺乳动物要大。在实验室中，经过几代繁殖，耐力特别好的小鼠体内一种名为BDNF的蛋白质的含量会比耐力较差的小鼠高。这种蛋白质的主要作用是促进大脑的生长。这似乎可以解释，运动为什么有助于大脑进化。

1. 强健已有的神经网络

美国伊利诺伊大学对120位老年人进行了调查，结果发现，每天都坚持散步的老年人在一年后，大脑的海马体（负责记忆和学习的大脑部位）比不散步的老年人要大。研究者还发现，散步组的老年人，其血液中促进大脑生长的蛋白质BDNF 的水平也较高。这种蛋白质能够"强健"已有的神经元（神经细胞），以及巩固神经元突触之间的联系。正是这些复杂的神经网络支撑起了我们的认知功能。而要达到这种效果，并不需要每天都运动到筋疲力尽或者汗流浃背，只需要坚持每天散步 30 分钟左右即可。

2. 运动促进神经元的新生

男孩可能想不到，运动能够促使大脑新生神经元。新生的神经元可以帮助大脑从创伤性的伤害中恢复正常，也能够改善认知能力，对情绪也有好处。20 世纪 90 年代，科学家便已经确定成人也有新生的神经元，但数量不多。不过，许多研究都显示，几个月中等程度的锻炼便能够让成人大脑有更多的新生神经元。例如，巴西圣保罗大学的研究者就发现，体育锻炼能够让大脑海马体的神经元的新生速度提高 2~3 倍。但是这些变化会随着运动的停止而消失吗？就如同肌肉在缺乏运动时会渐渐萎缩一样？有实验显示，大脑的变化能够在运动停止后维持一周，但在三周后，这些变化就消失殆尽了。也就是说，运动给大脑带来的"红利"需要一直运动下去，才能够维持。

3. 运动让大脑分泌健康激素

男性和女性的大脑都会分泌一些睾酮，即俗称的雄性激素，而运动会对大脑中睾酮的分泌产生影响。纽约大学的研究者先对小鼠进行阉割，以防其睾丸所分泌的睾酮对实验结果产生影响。结果发现，跑步能够让这些小鼠的大脑产生更多的血清双氢睾酮，而这种睾酮又可以刺激海马体神经元的新生。

养成运动的习惯

运动有利于身体健康，增强身体耐力，能够促进大脑发育，对男孩来讲，绝不可以缺少运动。

1. 吃得太多太腻后，运动运动

大多数男孩吃饭都离不开肉，吃完肉，如果躺在床上睡觉，会感觉很惬意，不过身体就可能因此出问题了。

不少研究都显示，高脂食物对大脑有害。但如果你实在很喜欢吃高脂食物，坚持锻炼身体也许能够抵消一部分高脂食物带来的伤害。美国明尼苏达州立大学的研究者发现，小鼠在吃高脂食物一段时间后，记忆力会变差。不过，吃高脂食物但每天进行运动的小鼠，其记忆力却不会受到损害。还有研究显示，如果同时吃低脂食物和进行锻炼，甚至可以延缓阿尔茨海默病等疾病的发展。锻炼似乎有着可以逆转认知功能下降的神奇效果。这可能是因为运动能够刺激大脑释放一种特殊的生化物质，其能够帮助神经元对抗脂肪酸的伤害。

研究者认为，每天坚持慢跑 30 分钟就能够抵消不少高脂肪食物带来的伤害，当然，如果再配合低脂饮食，对大脑健康更有好处。

2. 掌握一些常见的运动项目

散步是老少皆宜的有氧运动。吃完晚饭，男孩可以和父母一起去街心花园、安静的甬路边散步，这么做既锻炼了身体，也增进了亲子感情。

街舞是最近流行的时尚运动，简单易学，节奏快，动作变化多。当学习压力过大的时候，跳上几分钟的街舞，可以宣泄掉压抑的情绪，使得精神得到放松。在跳街舞的过程中，既收到健身效果，自我表现欲还得到了极大的满足。街舞这种很随意、很自然的动作会让舞者觉得很开心，增强了与人交往时的自信心。

骑自行车也是有氧运动，同时还能锻炼体力。利用周末或者假期，邀几个同学一起组织一次骑行，既锻炼了身体又增进了友谊，是一件很快乐的事情。

跳绳不但能强化心肺功能，以及身体各主要部分的肌肉，还可训练平衡感和身体的敏捷度。长大后，活动内容越来越多，很多孩子不再玩跳绳了，很可惜。跳绳作为一项随时随地都可以进行的运动，不需要很大的场地和人员配合，非常适合学习之余放松身心。

跳绳是一项比较激烈的运动，开始前一定要做好身体各部位的准备活动，如肩膀、手臂、手腕、脚踝的活动。跳起来时，动作要由慢到快，由易到难。一开始每次运动 5~10 分钟即可，再慢慢增加到 10~15 分钟，中间可以稍做休息，之后接着再跳。只要身体能够承受，跳多长时间都可以。只是饭前和饭后半小时内不要跳绳。

熬夜学习，侵占睡眠，危害大

平平去姥姥家，进门后，刚坐到沙发上，姥姥就问："平平，是不是不舒服啊？脸色这么难看？"平平说："没有不舒服。我昨天熬夜了，就是困，我去睡一会儿就好了！"

熬夜学习害处多

现代人，尤其是生活在大城市的人们，熬夜加班是常事，所以，休息时间变得越来越晚。

据中国少工委与中国青少年研究中心对 6 至 14 岁的城乡少年儿童进行的研究显示，46.9% 的中小学生没有达到国家规定的睡眠标准（9 小时），其中小学生和初中生每天睡眠不足 7 小时的占 8.2%、7 小时的占 12.6%、8 小时的占 26.1%。睡眠不足对男孩的学习影响很大。

人体在睡眠中会分泌副肾皮质激素，如果夜晚不睡觉，特别是在黎明拂晓之前不睡觉，副肾皮质激素就不能正常分泌，人体就会因为缺少副肾皮质激素而感到头昏脑涨，精神无法集中。如果是这种状态去上课，能集中注意力吗？打瞌睡是难免的事情。

另外，长期熬夜会导致体内生长素分泌不足，使得男孩不能正常发育。在长期熬夜的学生当中，还有近 80% 的学生发生了视力下降，部分学生除视力模糊之外，还有眼睛浮肿、长黑眼圈的现象。

清代著作《传家宝》记载：人若子时不睡，则血不归肝，在气血壮旺时虽然不觉，异日致病，危害不小。按当代医学的说法就是，按人体生物钟运转，晚上 9 ~ 11 点为淋巴系统排毒时间，晚上 11 点到凌晨 1 点是肝脏的排毒期，肝脏排毒需要在熟睡中进行。也就是说，人最好在晚上 11 点前入睡。如果忽视身体发出的警讯，即使哈欠连天也执意不休息，就会瓦解自主神经的平衡，使交感神经长期处于优势，导致长期失眠，神经衰弱。

不熬夜，也能获取好成绩

由此可见，熬夜不但影响孩子的身体发育，还导致孩子不能全神贯注地投入到学习当中，不利于孩子学习。那么，怎么帮助孩子尽可能地减少熬夜行为呢？

1. 尽量缩短家校距离

有的家长为了给孩子寻找一个师资力量更好的学校，不惜忍耐路途远给孩子带来的不便。住家离学校远，路上耽误时间长，学生每天都要早早起来上学，导致学生睡眠不足。

家长给孩子选择学校的时候，要考虑到师资力量，还要顾及孩子的身体承受力，尽量缩短家校距离。

2. 不搞疲劳战术

学生复习的任务虽重，可只要上课好好听讲，回家后合理安排时间，对知识进行消化巩固就可以了，根本不用熬夜。

男孩千万不要觉得学习时间越长，越能牢固掌握知识。其实不是这样，学习时间越长，人越疲劳，记忆力将明显下降。等到头脑发木的时候，疲劳感加深，更记不住东西。这个时候，孩子会觉得自己那么用功学习却记不住，可能是自己笨，于是对自己失去信心，产生自卑感。

3. 讲究学习效率

在学习任务较重、功课比较紧张的情况下，唯有提高学习效率，才能为孩子节省一些时间。提高学习效率的方法很多，做好预习、复习，上课认真听讲，课后按时完成作业。这样比较利于掌握知识，就不用临时抱佛脚、开夜车了。

利用好白天的时间，比如自习时间、放学后时间、坐车时间、周末时间、假期时间等。

4. 一定要午休

据报道，由于一些学生对午休时间不能合理安排，玩耍了或者聊天了，没有使大脑得到充分休息，直接导致下午上课没有精神。

晚上睡觉很晚，如果中午午休一会儿，能够弥补夜间睡眠的不足。此外，午饭后休息半小时，身体会自动改由副交感神经主导，能够增强身体免疫细胞的活跃度，增强免疫力。所以，家长不妨给孩子创造条件，让他每天中午休息半小时。

学会休息，不用脑过度

阳阳病了，躺在医院打点滴，妈妈说："趁这个时间闭上眼休息一会儿吧！"阳阳说："睡不着，把包里那张打印纸递给我吧，我背一会儿！"妈妈没办法，递给了儿子。右手在打点滴，阳阳用左手拿着看。

昨天晚上，阳阳在阳台看书到大半夜，早晨醒来感觉四肢发软，还是坚持去学校了。利用中午时间来医院看病。打完点滴，阳阳要回学校。大夫说阳阳的感冒很重，最好卧床休息。但下午的课很重要，阳阳坚持去学校。一下午，阳阳几乎是咬着牙坐在教室里，虽然努力打起精神，但是，什么也没听进去。

大脑会出现自我抑制现象

在大多数学生和家长眼里，学习成绩是与学习时间成正比的，学习时间越长，学习成绩越好。为了抓紧时间，很多学生下课不离座位，继续学习。有的学生连上厕所都要带着书，背诵几道题。有的学生一升入初中就紧张起来，从不看电影、逛公园，更不用谈旅游了。

列宁曾经说过，不会休息的人就不会工作。休息不好，学习效率就很差。

学习的过程，是一种心理活动过程，也就是人的大脑皮质神经细胞的活动过程。大脑皮质的活动基本上有两种状态：一种是兴奋状态，一种是抑制状态，这两种状态基本上是平衡的并相互转换。当大脑皮质某部位处于兴奋状态时，受它控制的部位就进行工作；当大脑皮质某部位处于抑制状态时，受它控制的部位就休息。一个人除睡觉外，大脑皮质上总有一些部位处于兴奋状态，当这种兴奋状态过久时，它自己也要转入抑制状态。有时我们看书时间长了，就会感到思路不清、记忆力减退，甚至连注意力都难以集中，这是由于主管学习的大脑皮质神经细胞感到疲倦，要自动停止工作以便补充新的能量，这叫作自我抑制现象。如果这种自我抑制现象出现后还继续学习，就会导致大脑的部分神经细胞兴奋过度，使大脑自身兴奋和抑制状态失去平衡，导致失眠、厌食、头痛，或无故发脾气等现象。

生活节奏的加快，竞争压力的加剧，迫使现代人必须学会主动休息。科学研究证实，主动休息是迅速恢复体力、提高工作效率的最佳方法。因为，持续的高强度工作会加重疲劳，要消除疲劳也需要更长的时间。如果等到累了再休息，效果往往不明显，因此要学会主动休息。

马克思研究问题，从来不是无休止地持续下去，他干几个钟头工作，就停下来散散步，活动一下身体；有时还穿插阅读莎士比亚、巴尔扎克的著作，背诵一段莎士比亚剧本中的人物对话；有时和孩子玩上一会儿，使大脑由一个领域转移到另一个领域，然后再以饱满的精力投入研究工作。

主动休息，掌握一些促进学习的休息方法

不管学习有多忙，男孩都要记得主动休息，不疲劳也小憩，这是预防疲劳、保持精力旺盛的诀窍。

1. 安排好每天固定的休息时间

做好全天的安排，除了工作、进餐和睡眠以外，还应明确规定一天之内的休息次数、时间与方式，除非不得已，不要随意改变或取消。

捷克教育家夸美纽斯说："时间应分配得精密，使每年、每月、每天和每小时都有它的特殊任务。"学生要学会在时间的园地里交叉安排各种活动，既要安排好学习时间，又要适当安排体育活动，使体力有所增强；还要适当安排丰富的课余生活，调节精神，陶冶性情。

2. 睡觉休息法

学习的时候，如果感到大脑有一丝丝疲劳，或者已经学习好久了，感到困了，可以打个盹儿，让大脑放松。

3. 唱歌休息法

这种休息方法适合在家里学习间隙的休息，充分利用这短短的时间到室外活动，或做深呼吸，或欣赏音乐，使身心得到放松。如果真的太累了，大声唱几句，特别能缓解压力。

4. 多参加娱乐活动

当忙于一件事情使你头昏脑涨时，不妨换一下，做自己最感兴趣的事，以达到休息的效果；或参加游戏，寻找些轻松的娱乐活动，使过分兴奋的大脑皮质神

经细胞得以休息，迅速驱散由于长时间学习产生的疲劳。其实，做娱乐活动的过程，也是获取知识的过程，除了享受到乐趣之外，或许还能突发灵感，为你的学习打开新的思路，带来一个惊喜。

5. 运动休息法

运动能加快血液循环，使大量新鲜血液输入大脑，起到疏通陈血、排泄废物的作用，从而尽快地解除疲劳，使大脑重新充满活力，这是提高学习效率非常有效的方法之一。

6. 看电视、电影休息法

现在都有手机，学习累了，打开手机看一部片子，也是休息。看电视电影可以使大脑进入另一种精神活动中，缓解了因为学习导致的疲劳，还能学到一些书本上没有的知识。

冬季患感冒，只因不会穿

一位妈妈说，儿子学习很紧张，又感冒了，担心落下课，带着药片去上学了，真不容易。早就给他准备好了厚衣服，也告诉他了要降温，多穿一些。他就是嫌厚，不穿，放学后，冻得瑟瑟发抖地回来了，连说话都变得粗声粗气。妈妈赶紧给儿子熬了姜汤，让儿子第二天多加衣服，不过，还是感冒了！一个班就有十几个感冒的，妈妈忍不住唠叨，现在孩子衣服穿得太少，太容易感冒了。儿子说，不见得是冻的，有个同学穿着厚厚的羽绒服还感冒了。

男孩冬季患感冒，与穿有关

感冒，虽然不是大病，但一感冒浑身不舒服，特别是冬季的"风寒感冒"，一旦患上，浑身发冷，肌肉关节酸痛，流鼻涕，咳嗽、头痛，简直难受死了！

冬季是感冒高发期，当男孩患了感冒，很多家长认为是衣服穿得少，冻的。男孩确实不喜欢穿太多衣服，对寒冷不是那么害怕，寒流来了后，也不知道待在暖和地方，就患上了感冒。

但是，有的穿得很多的孩子，里三层外三层，照样清鼻涕直流，头疼得连觉都睡不好。为什么穿得够多了，也着凉感冒呢？

衣服本身其实不产热，只起到隔离的作用，使得衣服与肌体、衣服与衣服之间形成了一个良好的"小气候区"，使人体的热量得以保存，从而感觉到温暖。衣服的保暖程度与衣服内空气层的厚度有关系。当空气层厚度超过1.5厘米时，衣服内空气对流明显加大，保暖性反而下降。冬季穿衣服的件数过多的话，身体的大血管会随之扩张，散热面增大，保暖性也就相对变差了。所以遇到寒冷天气，即使穿很多衣服也会患感冒。

冬季到来，学会御寒防感冒

男孩火力旺，好运动，冬季天气冷，不但要穿足够保暖的衣服，还要学会怎么穿，这样才能真正起到防寒作用。

1. 内薄软、中保暖、外防风

衣物本身并不产热，而是通过缓冲冷空气和体表热空气间的对流保存热量。如果内衣穿得过厚，不仅不舒适，还会增加内衣里的空气对流，使保暖性下降，因此内衣应以薄、软的棉织材质为主。内衣尽量紧致，不要选择过度宽松肥大的款式，容易钻风，冷空气乘虚而入，很容易造成热量散发，影响局部保暖。

为了防止热量蒸发、冷空气侵入，男孩选择外衣的时候，领口、袖口、腰部、脚踝等处最好有收口设计。

冬季干燥，皮肤敏感，因此内衣要贴身、柔软、没有刺激性，所以，纯棉质地的内衣更舒服。尤其要注意的是，保暖内衣容易产生静电，减少皮肤水分，因此不可贴身穿，以免引起皮肤瘙痒。

2. 顾两头、腿要厚、腰别露

两头指的是头和脚。人体热量大部分从头部散发，所以出门一定要戴上帽子，最好能遮住额头，风大可以选择防风的皮帽。如果男孩没有戴帽子的习惯，可以选择有帽子的羽绒服或者风衣，这样，赶上冷天，也可以御寒。

颈部受寒可能引发血管收缩和颈部肌肉痉挛，天冷的时候，男孩出门可以选择戴围巾或穿件高领衫，不要让脖颈后面暴露在外。

俗话说："上装要薄，下装要厚。"腿部是冬季保暖的重中之重，遇到冷天，如果下肢保暖做得好，全身都会觉得暖和。

3. 运动后，要注意保暖

男孩好运动，不管是跑步、踢球还是打篮球，在冬天运动时，内衣最好选择速干排汗 T 恤。这样，运动过后不容易着凉；外层穿保温的抓绒衣服或防风的外套。

虽然冬天也需要运动，但是一定要注意运动量。如果某一次运动过后感冒了，男孩就要考虑该次运动可能超过了身体的负荷量，因为此时身体的免疫力不高。

有研究显示，人体的交感神经兴奋一般引起免疫抑制，而副交感神经兴奋一般能引起免疫增强效应。在剧烈运动中交感神经兴奋，副交感神经受抑制，故免疫功能受抑制。

冰冻碳酸饮料，不能由着性子喝

有位妈妈说，夏季刚刚过了一半，天气还没大热，儿子就开始大量喝碳酸饮料。她无数次告诉儿子多喝白开水，要喝饮料也要选择果汁类的，而且要少喝，可是儿子不听，他说碳酸饮料可以提神，而且解渴。

喝饮料，害处多

炎热的夏季，很多人都很喜欢喝上一瓶冰冻的碳酸饮料来降温解渴，殊不知碳酸饮料根本起不到解渴的作用，反而会使体内的水分流失得更多，渴感倍增。

二氧化碳气容量是碳酸饮料的一个特征性指标，足够的二氧化碳气容量能使饮料保持一定的酸度，具有一定的杀菌和抑菌作用，并可通过蒸发带走热量起到降温作用。二氧化碳气容量达不到一定含量，就不能称为碳酸饮料。美国公众利益科学中心建议使用这样的警示语："建议您少喝（含糖）碳酸饮料，以预防体重增加、蛀牙和其他健康问题。"或者"为了保护您的腰围和牙齿，请考虑一下是喝饮料还是喝纯净水。"

《英国牙科杂志》刊登了这样一份研究报告：常喝碳酸饮料会令 12 岁青少年齿质腐损的概率增加 59%，令 14 岁青少年齿质腐损的概率增加 220%。而在所有年龄段的被调查者中，有 40% 的人每天喝 3 杯以上的碳酸饮料。

美国俄亥俄州立大学和俄亥俄州儿童医院的研究人员的一项研究发现，每天多喝一罐碳酸饮料可将儿童肥胖的风险提高 60%。而且营养低、热量高的碳酸饮料让孩子们少喝了牛奶和其他有营养的饮品，减少了他们发育成长必需的维生素和矿物质的摄入量。

长期饮用碳酸饮料非常容易引起肥胖和糖尿病；碳酸饮料中的磷酸会潜移默化地影响人体骨骼，导致骨质疏松等。男孩可不要觉得自己青春年少就不会有伤害，其实，青春期糖尿病也不少见。

有研究发现，碳酸饮料中含有较多的酸性物质，从而导致胃中酸度增加，进而产生不良的刺激作用，甚至会损害胃黏膜；而释放出的二氧化碳很容易引起腹胀，可能造成肠胃功能紊乱。

夏季，喝什么，怎么喝

夏季人体容易出汗，身体里的水分蒸发得多，如果不喝水，不但身体感觉燥热，也会口渴。这种情况下，怎么喝、喝什么才是利于身体健康又解渴的最佳选择呢？

1. 白开水

美国《人类神经科学前沿》刊载的一篇文章显示，如果你能在 30 天内只喝白水不喝饮料，大脑反应就会加速。因为大脑需要氧气才能运转更快，而水是供氧的最重要因素。研究结果证实，每天喝水 8~10 杯可以令认知能力提升 30%。

2. 天然矿泉水

现在，超市里的矿泉水很多，购买起来也很方便。男孩如果养成喝矿泉水的习惯，就会放弃碳酸饮料了。天然矿泉水含有对人体有益的微量元素如铁、铜、锌、碘、锰、氟等，可以喝一些天然矿泉水。

3. 运动饮料

运动饮料是针对体育运动而研制的一种饮料，可补充人体因激烈运动流汗所失掉的钠、钾、镁和碳水化合物，缓和因疲劳和体温上升所造成的消耗。这种饮料也适用于劳动强度大的工种，以及炎热夏天操劳流汗较多的人员。男孩可以适当喝一些这类饮料。

美国牙科学会临床刊物《全面牙科》发表的一项研究指出："非苏打饮料和运动饮料对牙齿珐琅质的损害程度要大大超过可乐，其危害分别是后者的 3 倍和 11 倍。"牙医建议，如果一定要喝运动饮料，就尽量快喝，而不要小口抿。或者用吸管也行，因为这样做可以减少饮料和牙齿接触的时间。还要记住，喝完后不要立刻刷牙，最好是先用清水漱口，半小时后再刷牙，否则对珐琅质的伤害更大。

4. 喝一些鲜榨饮料

鲜榨饮料包括蔬菜饮料和果汁饮料，果汁饮料比较常见。最好是父母在家里用干净新鲜水果鲜榨的，营养丰富、容易消化的理想饮料，且由于含有丰富的有机酸，可刺激胃肠分泌，助消化，还可使小肠上部呈酸性，有助钙、磷的吸收。